하룻밤,
300억
을
포기한
남자

하룻밤, 300억을 포기한 남자

최민형 지음

M mindset

300억을 포기하다

'이제 그만해야겠다.' 2022년 11월 2일 새벽 3시, 나는 마음을 먹었다. 2021년 연봉 17억 869만 원. 미지급된 잔여 수수료와 기타 등등을 포함하면 최소 25억에서 최대 30억 정도의 연봉이었고, 나는 매년 최소 15억가량의 연봉을 받고 있었다. 회사 내 1만 명 중 3년 연속 연봉 3위 이내. 20년간 더 근무한다면 최소 300억 이상을 보장받을 수 있었다. 그러나 나는 그 자리를 박차고 나왔다. 이유는 결국 '내 것'이 아니었기 때문이다.

20년간 일하며, 단 한번도 '받은 만큼' 일하자라고 일한 적은 없다. 항상 내 회사처럼 생각하며 뼈 빠지게 일했고, 일주일에 많으면 120시간, 못해도 80시간 이상은 일했다. 주말, 새벽, 늦은 저녁 상관없이 고객들을 만났고, 업무를 처리했다. 워라밸은 사치였다. 그 결과 엄청난 연봉과 대우를 받게 됐다.

그런데 사소한 문제가 터졌다. 자세히 얘기하기는 힘들지만, 결국 회사에서 원하는 회사의 운영 방식과 내가 생각하는 이상적인 운영 방식의 차이 때문에 벌어진 일이었다. 그때 처음으로 느꼈다. '아, 결국 나는 상위 1%의 관리자였지, 회사의 주인은 아니었구나.'

삶의 주인이 되고 싶었다. 차려진 산해진미, 진수성찬을 죽을 때까지 배터지게 먹기보단, 굶주려도 보고, 사냥도 해보며 주도적으로 살고 싶었다. 나를 잘 모르는 누군가, 이 책을 집어 들어 프롤로그만 읽어보는 누군가는 이렇게 생각할 수도 있다. '사회가 얼마나 어려운데, 배가 불렀네.', '미친 사람 아니야? 어떻게 저 돈을 포기해?'

하지만 그 시기에 나에겐 돈보다 '삶의 주도권'이 중요했다. 이 같은 이유로 새로운 회사를 만들고 싶었다. 구성원 모두가 삶의 주인인. 시스템이 갖춰져 있고, 정해진 매뉴얼대로만 하면 안정적인 수익을 올릴 수 있는 회사가 아니라, 부족하고 완벽하지 않더라도 모두가 주도적으로 의견을 내고 일할 수 있는 그런 회사.

2022년 11월, 내가 그런 회사를 만든다고 했을 때 99%는 이렇게 말했다. "어차피 다 똑같아질 거야.", "굳이 다 이뤘는데 뭐 하러 나가?", "망할 텐데…….", "네가 뭐라도 되는 줄 알아? 건방 떨지 마." 그런데 2024년 1월, 지금 이 글을 쓰는 시점, 2023년 한 해 동안 회사 구성원은 1,000명이상이 됐고, 지급 수수료만 1,000억가량 되는 큰 회사로 발돋움했다. 단 1년의 성과다.

만약 내가 결정하지 않았더라면 여전히 높은 연봉과 좋은 대우를 받았겠지만, 인생의 마지막 한 조각인 '삶의 주인'이라는 파트는 여전히 부재의 상태로 남아있지 않았을까.

난 이 책을 통해 거창한 메시지를 전달하려는 게 아니다. 삶의 주인이 되기 위해 원하는 걸 다 포기하고 야생으로 나오라는 책임감 없는 얘기를 하고 싶지도 않다. 이 책 한 권으로 그런 결정을 하기에는 당신의 젊음과 인생이 너무 싱그러우니.

다만, '이런 사람도 있구나.', '이 사람은 이렇게 살아왔구나.', '상위 0.1%의 돈을 버는 사람(공신력 있는 매체에서 인정해 준 사항이다)은 중요한 상황에 이런 결정을 하는구나.' 하는 간접 경험을 마음속에 담았으면 좋겠다.

나는 남산타워가 보이는 달동네, 무허가 판자촌에서 태어났다. 10대엔 부모님으로부터 버림받아 가족이 없었다.

20대엔 집에 틀어박혀서 히키코모리처럼 게임만 했다. 30대엔 회사 탕비실에 있는 소파에 몸을 맡기며 잠을 잤다. 더 다가올 불행이 있을까라는 생각으로 매일매일을 살았다. 하지만 지금은 사랑하는 가족이 있고, 매일 매 순간, 행복을 만끽하며 살아간다. 더 이상 돈 때문에 우는 삶이 아니라, 돈 덕분에 웃는 삶을 산다.

난 롤모델이 없다. 다른 사람의 목표도 궁금하지 않다. 오로지 나에게 집중하며 살았고, 살고 있고, 앞으로도 그렇게 살 것이다. 이 책을 읽는 당신 또한 그랬으면 좋겠다. 나를 멋있게 여기기보다, 이 책을 집어 들고 하나하나 머리와 눈 속에 담는 당신 자신을 멋있게 여겼으면 좋겠다. 타인의 기준과 인정을 갈구하는 삶이 아닌, 오직 당신만이 살 수 있는 그런 삶을 살길 바란다.

《하룻밤, 300억을 포기한 남자》저자

최민형

Contents

| PART 1 |

달동네 탈출 프로젝트

PART 1

달동네 탈출 프로젝트

01

가난에서
혁신적인 도전을 배우다

'10년이면 강산도 변한다.'라는 속담이 있다. 개인적으로 요즘 시대에 맞지 않는 말이라고 생각한다. 신규로 분양될 아파트가 줄줄이 완공되어 마치 견고한 성처럼 올라옴에도 불구하고, 내가 살았던 달동네는 지금도 개발이 되지 않고 있으니 말이다.

그렇다. 나는 내가 태어나 몇 번의 강산이 변해도 변하지 않는 달동네에서 태어나고 자랐다. 그래서 지금부터 하는 이야기는 하루가 다르게 변하는 최첨단 시대에 사는 당신에게는 다소 현실감이 떨어질 수 있음을 미리 고백한다.

내가 태어나고 자란 달동네 집

　대가족 사이에서 태어난 나는 우리 집 옥상에 올라설 때마다 우리 집이 제일가는 부자인 줄 알았다. 그런 나는 옥상의 장독대 뚜껑을 여는 할머니에게 "나는 대통령이 될 거야.", "나는 의사가 될 거야.", "나는 변호사가 될 거야."와 같은 말을 자주 했다. 그만큼 꿈이 큰 아이였다. 더욱이 그 당시의 나는 부자와 가난의 차이를 알지 못했다. 왜냐하면 내가 가난하다고 느낀 적이 없었으므로.

　실제로 우리 집의 사정을 알게 된 건 중학생 때 아버지의 사업 부도로 나를 제외한 온 가족이 야반도주하듯 나도 모르게 도망갔을 때였다. 학교를 마치고 돌아와 대문을 열어보니 있어야 할 부모님과 누나가 없었다. 각종 살림살이와 함께. 그저 바닥에 쓰레기만 나뒹굴고 있을 뿐이었다. 그로 인해 나는 중학생 1학년부터 고등학생 2학년까지 조부모와 둘째 작은아버지 집에서 지내야 했다.

그 당시에 나를 더 슬프게 했던 건 그 누구도 그렇게 된 이유를 설명해 주지 않았다는 사실이다. 한마디로 나는 영문도 모르고 낙동강 오리알 신세가 된 셈이다. 그리고 그 이유를 알게 된 건 성인이 되고도 한참 뒤였다. 아버지가 사업을 확장하는 중에 사채에 손을 대면서 급속도로 빚이 늘어났음을. 그리하여 그로부터 시간이 꽤 흘렀지만 아버지는 그 어떤 금전적 도움을 부탁하지 않고, 어머니는 시시때때로 미안하다고 한다.

솔직히 그 5년은 몹시 괴로웠다. 한마디로 악몽이었다.

작은아버지는 밖에서 기분이 상해 돌아오거나 식사 중에 눈이 마주치거나 때로는 아무 이유 없이 나를 방으로 데리고 가 짧게는 몇 분, 길게는 몇 시간씩 때리곤 했다. 이는 모두 아버지가 작은아버지의 돈을 빌렸으나 갚지 않고 도망친 대가였다. 그저 남겨졌다는 것 외에는 잘못이 없었지만 그 자체만으로도 나는 작은아버지의 분풀이 대상이 되기에 충분했다.

내가 겪은 상황만으로도 '가난은 나라님도 구제할 수 없다.'는 표현이 실감 난다. 이는 가난을 도와주기란 끝이 없는 일이라서 아무리 큰 힘이 닿는다고 하더라도 극복하는 데는 한계가 있다는 의미다. 이유인즉, 생활하는 데 있어서 절대적으로 필요한 조건인 돈이 없으면 심신을 갈라지고, 무너지게 만들기 때문이다. 즉, 돈의 부재로 인한 문제가 여기저기서 생겨난다는 말이다.

우리 집도 똑같지 않은가. 우리 집에는 돈이 없었고, 사채의 힘을 빌려 사업을 하는 통에 잘나가던 종로의 세공업 공장이 부도를 맞으면서 가족들의 정상적인 생활을 위협한다는 이유로 아버지는 대출과 카드 돌려막기를 하다가 결국 도망자 신세가 됐으니까.

　그렇다고 해서 아버지가 다른 일을 하지 않은 건 아니다. 태권도, 유도, 헬스 등 여러 운동을 오랫동안 해온 경험을 살려 은행의 청원경찰을 계속해 왔다. 그런데도 우리 집의 형편은 나아지지 않았다. 오히려 더 바닥을 쳤다. 그 일이 특기를 살린 안정적인 취업이었을지는 몰라도 현실 문제를 해결해 주기에는 부족한 탓이었다. 그러므로 지금보다 더 나은 삶을 원한다면, 지금까지 자신 있게 잘해온 일이 아닌 혁신이라고 할 만한 그것을 뛰어넘는 분야에 도전해야 한다. 나는 그것을 아버지의 모습을 통해 배웠다.

꽃이 피기 위해서는 꽃받침이 필요하듯

성공하기 위해서는

성공을 위한 마인드가 필요하다.

02

호박벌처럼 살다

호박벌을 연구한 학자들에 의하면 호박벌은 신체 구조상 날 수 없다고 한다. 실제로 호박벌은 일반 벌과 확연하게 차이가 날 만큼 날갯짓 소리에 힘이 없다. 몸집에 비해 왜소한 날개를 보면 어떻게 날고 있는지 의아할 정도인데, 구조적으로 살펴보면 130도 각도로 230회 남짓의 날갯짓을 하여 앞전와류(leading edge vortex)라는 일종의 회오리 구조를 만들어서 나는 것이라고 한다. 하지만 안타깝게도 비행 효율은 다른 곤충에 비해 떨어진다. 어딘가 모르게 위태롭고, 날개가 조금만 작거나 몸집이 조금만 커도 잠깐의 비행도 어려워한다. 이런 호박벌이 날 수 있었던 이유는 너무 열심히 날려고 하기 때문이며, 정말 일주일에 1,600km까지 날 수 있다고 한다.

그런데 내가 호박벌과 닮아 있었다. 다름 아니라 내가 집이 가난하고, 못 생기고, 머리도 나쁘고, 말도 잘 못한다고 단정 짓지 않고, '서울에서 가장 높은 63빌딩과 우리 집 높이가 같으니 나는 부자야.'라며 언제나 더 나은 환경만을 보려고 노력했으니 말이다. 만일 그렇게 하지 않았더라면 지금의 내 모습은 없을 것이다. 다시 말해, '난 벌이라서 잘 날 거야.'라고 당연하게 생각한 호박벌처럼 나는 내가 처한 환경에 개의치 않고 부자라고 결론 내렸었다.

성공하기 위해서 혹은 꿈을 이루기 위해서 가져야 할 올바른 생각은 별것이 아니다. 그저 믿고, 의심하지 않는 것이다. 믿는 것과 의심하는 건 아주 다른 이야기다. 요즘 여러 SNS 채널과 유튜브 등에서 동기 부여 영상이 매일 수백~수천 개씩 쏟아져 나오고 있다. 아니, 그 이상으로 공유되고 있는지도 모른다. 그 수치가 중요한 게 아니니 각설하고, 거기서 다루는 성공의 반열에 오른 사람들이 내뱉는 말이 대단하게 느껴지고, 그렇게 살면 더 나은 인생이 펼쳐질 것만 같을 테다. 하지만 당신이 아무리 뛰어난 사람이라고 하더라도 좌표를 잘못 정했다면, 원하는 목적지에 절대 도착할 수 없다.

내비게이션을 생각해 봐라. 아무리 빠른 길을 알려주고, 과속 또는 신호 위반 등의 위치를 알려주는 존재이지만, 목적지를 제대로 설정하지 않으면, 운전자에게 끊임없이 잔소리하고, 전혀 다른 곳으로 데리고 가 애만 태운다. 그러면 다음에는 의심부터 하기 마련이다.

이런 의심으로 얻어지는 건 무엇일까? 바로 열정이 아닌 냉정이다. 특히 잔혹한 현실에서 나 자신 외에는 아무것도 관심 없는 요즘 세상에서 나 자신을 냉정하게 보아서 무엇을 이룰 수 있겠는가. 그러니 목표를 명확하게 정하고, 믿고 나아가라.

예를 들어,

> "난 돈 많이 벌 수 있어."
> "난 부자가 될 거야."
> "난 공부 잘할 수 있어."

라고 말하지 않고, 이렇게 말하는 거다.

> "난 몇 년 뒤에 100억 자산가야!"
> "난 내 분야에서 최고야!"
> "2학기 중간고사는 내가 1등이야!"

냉혹한 현실에서 허무맹랑한 소리로 들릴지는 몰라도 전혀 아니다. 오히려 그 반대다. 이는 마치 자가용에 올라타 내비게이션을 설정하는 행동과 같다. 즉, 내가 목적지까지 잘 도착할 수 있도록 스스로 열정을 더해 가야 할 방향을 정확하게 짚어주는 역할을 한다.

그런데 목적지를 향해 출발했는데 차가 막히는 것처럼 속도가 나지 않는 구간이 생길 수도 있다. 그러면 천천히 가면 된다. 또 공사 중이면 돌아가듯 예상과 달리 일이 잘 안 풀리거나 연인과 헤어지거나 이혼을 할 수도 있고, 아플 수도 있다. 그렇다면 목적지로 가는 다른 길을 찾으면 된다.

한번은 강의를 하며 이런 이야기를 했다. "제발 인생을 연습처럼 사세요. 인생은 실전이 아니에요." 인생을 실전처럼 살라는 말을 종종 듣는데, 나는 그렇게 살지 말라고 하고 싶다. 우리 삶이 실전이라면 등수가 매겨져야 하고, 그 어떤 실수도 용납되지 않을 테니 매 순간 칼날 위를 걷듯 긴장해야 하지 않을까?

아무리 위대한 선수라도 연습보다 실전을 더 많이 경험

한 선수는 지구상에 존재하지 않는다. 수천~수만 번의 연습을 통해 단 한번의 실전에 도전하는 사실을 안다면, 우리 삶도 다른 시각으로 바라보아야 할 필요가 있다고 본다. 그리고 그와 관련한 계획을 세우고, 어떤 어려움이 와도 당연하게 받아들이며 이겨내야 한다.

한번 더 강조한다. 호박벌을 날게 해준 건 강력한 믿음이었다. 그러니 당신도 목표를 정했다면 0.1%의 의심 없이 자신을 믿어라. 세상 모두가 나를 부정해도 나만큼은 스스로 긍정의 시선으로 바라보아라!

의지는 언제든지 꺾일 수 있지만,
습관은 웬만해선 꺾이지 않는다.
하기 싫어도 그냥 해본다면
엄청난 무기가 될 수도 있다.

03

세상에서 가장 강력한
'그냥'의 힘을 깨닫다

過去의 나는 어디서든 1등만 하면 돈도 많이 벌고, 유명해져서 모두가 부러워하는 삶을 살 수 있다고 믿었다. 또 은연중에 '나는 어렵게 자랐으니 1등이 아니면 안 돼.'라는 생각을 하고 있었다. 그래서 매번 더 노력해야 한다며 나를 다그쳤다. 하지만 지나고 보니 1등, 부자, 성공 이런 평범한 목표는 나에게 도움이 되지 않았다. 왜냐하면 목표와 성공이라는 두 단어 사이에 존재하는 교묘한 교집합과 서로 겹치지 않는 이질적인 난집합의 함정에 빠지는 순간 좁은 시야로 나를 바라보게 되므로.

조금 더 쉽게 설명하기 위해 지금도 회자되고 있는 전 피겨스케이팅 선수 김연아의 인터뷰 영상을 예로 들어보겠다. 빙판에 오르기 전 복도에서 스트레칭 하고 있는 김연아에게 누군가가 "무슨 생각하면서 스트레칭 해요?"라고 물었다. 그러자 김연아는 웃으면서 "무슨 생각을 해 그냥 하는 거지."라고 답하며 "내가 참 고생이 많다."고 했다.

내가 하고 싶었던 말이 김연아가 한 대답에 있다. 선수로서 그녀는 본인이 원하는 목표를 이루고자 훈련을 비롯해 식단 조절, 멘탈 관리 등 하루 아니 매 순간 자기 자신과 싸워야 했을 것이다. 그런데 세부 목표에 사로잡히면, 때로는 그 요소들로 인해 오는 스트레스가 나를 집어삼킬 수도 있다. 김연아는 이 사실을 알았기에 그냥 한다고 하지 않았을까 짐작해 본다.

일상에서도 "그냥 해.", "아무 생각하지 말고 해.", "일단 시작해 보는 거야."와 같은 말을 종종 듣는다. 이쯤에서 문겠다. 당신은 1분에 몇 번 숨을 쉬어야 하는지 고민하는가? 당신은 어떤 속도로 호흡해야 하는지 고민하는가? 당신은 한번의 숨에 얼마만큼의 양을 들이쉬고 내쉬어야 하는지 고민하는가? 정말 터무니없는 질문이라는 걸 알고 있다. 그러니 스스로 사소함의 지옥에 갇혀 생각의 바다에 빠지지 않기를 당부한다. 다시 말해, 목표를 정했다면 그 목표만 보고 따라가는 거다.

앞서 언급했듯 나는 중학교 2학년 때 그저 기분이 나쁘다는 이유로 작은아버지에게 끌려가서 두 시간가량 구타를 당한 적이 있다. 그건 내가 선택할 수 없는 문제였다. 너무 고통스러웠지만 아직 빛나보지 않은 내 삶을 저버릴 수 없었다. 그저 살아내고, 버티고, 참아내는 것 말고는 답이 없었다. 심지어 내 주변에는 도와줄 사람도 없었다.

이렇게 살아내는 게 목표가 되다 보니 그 무엇도 문제가 되지 않았다. 돈이 없어도, 부모님이 도망갔어도, 외모로 따돌림을 당해도. 그런 나에게 나는 이런 말을 해주었다. "민형아, 지금은 힘들지만 너를 무시하고 멸시한 모든 사람과 상황은 너도 모르는 사이에 네가 보지 못하는 곳으로 나가떨어져 있을 거야. 그러니 조금만 힘내자." 그리고 다짐했다. 내가 받고 느낀 부정적인 감정을 내 아이들에게는 물려주지 않을 거라고. 덕분에 나는 "그냥."이라는 이유만으로 앞만 보고 달릴 수 있었다.

강력한 목표가 있는가? 그럼 그 하나만 보고 한 발 한 발 나아가라. 그러면 어느 순간 훌쩍 성장해 있는 당신을 목도하게 되리라 믿는다. 내가 그러했듯.

재능이 없어도,
하기 싫어도,
그냥 하면
천재가 되지는 않아도,
다른 사람들과 어우러질 힘이 생긴다.

04

지분율 100%의
가정을 만들다

나는 군 전역 후 아버지의 권유로 경비 업체에 취업했다. 그 당시 내게 주어진 역할은 은행 지하 관제실 경비와 전기 시설 관리 담당이었다. 하루는 관리소장의 지시로 지하 3층의 발전기실 천장 도색을 하게 됐다. 그렇게 혼자 약 3m의 2단 사다리를 설치하고 올라가 페인트칠을 하다가 그대로 추락했다. 사다리를 잡아주는 사람이 없어서 일어난 사고였다. 비명조차 나오지 않아 꼼짝없이 죽었구나 싶었는데, 손가락을 움직일 수 있어서 젖 먹던 힘까지 끌어올려 휴대폰의 통화 버튼을 누르고 "사…… 사…… 살려주세요." 하고는 의식을 잃었다.

하룻밤, 300억을 포기한 남자

얼마의 시간이 흘렀을까. 부랴부랴 달려온 아버지가 나를 깨워 부축해 병원으로 데리고 갔다. 다행히 등과 엉덩이로 떨어진 덕분에 그리 큰 부상은 입지 않았다. 다만, 그때 관리소장의 태도를 아직도 잊을 수 없다. 마치 내가 다쳐서 골치 아프게 됐다는 눈빛에 짜증 섞인 말투로 "얼른 병원 가세요."라며 귀찮은 듯 손짓했다. 나름대로 첫 직장이었는데 그런 대우를 받으니 억울했다. 거기서 더 나아가 그 일을 소개한 아버지가 원망스러웠다.

그런 감정으로 집에서 요양하며 상태가 호전됐을 무렵 아버지에게 관리소장으로부터 연락이 왔다. 그러고는 아무 일 없었다는 듯이 "민형이 언제부터 출근할 수 있어요?"라고 물었다. 그런데 아버지의 반응이 의외였다. 꽤 격양된 목소리로 "우리 아들 이제 안 나갑니다."라며 곧장 전화를 끊은 것이다. 내가 본 아버지의 가장 완강한 모습이었다. 이날 나는 단단히 작정했다. 돈을 제대로 벌어서 두 번 다시 위험하고, 부당한 대우를 받는 곳에는 가지 않겠노라고.

그로부터 며칠 뒤 어머니에게 어머니의 꿈을 물어봤다. 그랬더니 "이제 계단을 그만 오르고 싶어."라고 했다. 이 말은 곧 달동네에서 벗어나 아파트에서 살고 싶다는 뜻이었다. 이것이 내 동기 부여가 됐고, 어머니의 꿈을 이뤄줄 사람은 오직 단 한 사람은 나뿐이라고 판단했다. 그리고 그 목표를 어느 정도 이룬 듯하다. 부모님을 24평 신축 아파트로 모시게 됐으니까.

사실 나는 단어나 감정이 아닌 오로지 펼쳐진 환경과 현실을 바탕으로 목표를 설정한다. 왜냐하면 조금 더 객관적으로 문제를 바라볼 수 있고, 달성률을 높일 수 있어서다. 나의 경우만 하더라도 가족이라는 기업을 일으키기 위해 내 욕심을 채우려 하기보다 '소작농으로 태어나 소작농으로 살기 싫으면 남에게 구걸할지언정 빌리지 마라!'는 문장을 마음에 새기고, 아버지의 전철을 밟지 않고자 대출 또는 차입 경영을 하지 않겠다는 분명한 기준을 세움으로써 지분율 100%의 가족 기업을 완성했다.

이러한 경험을 바탕으로 나는 거리낌 없이 말한다. 지금의 가난은 스스로 선택한 것이지 누군가에 의해서 만들어진 게 아니라고. 즉, 어떻게 살아가느냐에 따라 나의 미래가 달라짐은 결코 부정할 수 없는 진리다.

모든 상황이 나에게만 불리한 게 아니다.
내가 하는 만큼 되고,
내가 얼마나 집중하느냐에 따라 바뀐다.
결국 해내는 사람들은
이 모두를 감당한 사람이다.

PART 2

삶의 주인공이 되는 방법

소처럼 일하면
결말은 소고기다

예전에 고모가 나에게 한 말이 있다. "민형아, 너 그렇게 밥 먹고 바로 눕는 거 버릇되면 나중에 소처럼 돼!" 어렸던 나는 "고모, 사람이 어떻게 소가 돼?"라고 웃으며 응수했는데, 이제는 한 치의 오차도 없는 인생을 관통하는 한마디라는 걸 안다. 그리고 실제로 경험하기도 했다.

지금까지 줄곧 언급했듯 내 삶은 호락호락하지 않았다. 실패와 좌절의 연속이었고, 그 여파로 게을러지면서 나 자신을 패자로 인식했다. 첫 직장도 친구 따라 강남 가듯이 친구가 지원했다는 회사에 덩달아 지원해 취업했다. 나 따위를 받아주기만 해도 고맙다고 생각하면서.

다행히 게으른 성향을 잘 알고 있었고, 스스로도 바꾸고 싶은 마음에 나 자신에 대한 관대함을 내려놓기로 하고, 당시에 공석이었던 프로그래머 자리에 지원했다. 이때부터 본격적으로 성실하게 생활하면서 주어진 역할에 최선을 다한 나는 능력까지 인정받았다.

그제야 고모의 소가 된다는 뜻을 조금이나마 이해할 수 있었다. 소는 주인이 시키는 대로 먹고, 자고, 일해야 한다. 그야말로 선택권이 없는 존재다. 즉, 게을러지면 생각대로 사는 삶이 아니라 사는 대로 생각하는 삶이 되고 만다. 그게 소의 일생이다. 이런 깊은 뜻을 늦게 알았기에 고모가 조금만 더 쉽게 설명해 줬더라면 하는 아쉬움도 있지만, 내 인생 명언 리스트 중 하나임은 분명하다.

이런 나의 스토리를 듣고도 소 같은 인생을 살고 싶은

하룻밤, 300억을 포기한 남자

사람은 없으리라 믿는다. 그리고 소처럼 일해 봐야 최후는 소고기밖에 되지 않는다. 그야말로 모든 걸 주인에게 바치는 일생이다.

물론 소처럼 살면 누가 정해둔 정답지 위를 걸으며, 정해진 일을 정해진 시간에 하는 안정감을 가져다줄 수는 있다. 그러나 나는 조금은 다른 길로 들어서서 당황스러움과도 마주하고 싶고, 때로는 틀린 길에 접어들어서 허탈해 하며 선택의 실수에 자책도 해보고 싶다. 반면, 회사에서 나의 가치가 사라져서 해고나 이직 권고 또는 어쩔 수 없는 이직을 당하는 상황을 겪고 싶지 않고, 소처럼 팔려 가는 이직 시장에서 새로운 고용주에게 간택되길 기다리는 일도 피하고 싶다.

많은 사람이 나태와 게으름은 성공의 적이라고 말한다. 하지만 내 생각은 다르다. 전쟁에서 지더라도 포로에게는 관용을 베풀어 동료로 삼거나 포로에 대한 예우를 해주는

데, 나태와 게으름은 포로도 동료도 될 수 없는 대상이기 때문이다. 그러므로 성공하고 싶다면 절대 나태와 게으름에 곁을 내어줘서는 안 된다.

내 인생의 가장 큰 응원자는 '나'다.
말로만 사랑한다고 할 게 아니라
부지런히 움직여야 한다.

02

내 의지가 의미를 만든다

누누이 말했듯 나는 달동네 출신이다. 이곳의 삶은 평지에 사는 보통의 사람들에게는 다소 생소하리라고 본다. 가령, 여름 장마철이 되면 계단 사이로 내려오는 빗물이 나이아가라 폭포를 방불케 하여 아이들의 놀이터가 되고, 겨울에는 얼어붙은 계단에서 미끄러지지 않기 위해 미끄럼방지 신발 또는 염화칼슘이나 연탄재를 준비해야 하는 상황을 그곳에 살지 않으면 누가 알 수 있을까 싶어서다. 그뿐만 아니라 우리 집이 좁은 골목 중간에 있어 짜장면을 주문하는 날에는 배달원이 한번에 찾지 못해 진땀 빼기 일쑤였다.

그랬다. 우리 동네 사람 대부분이 유복한 환경이 아니었다. 그렇다 보니 경제 교육은커녕 우수한 대학에 입학했다는 플래카드를 본 적도 없다. 그 영향인지 그 당시에는 그저 지금보다 조금 더 나은 내일이 오기를 바랄 뿐이었다.

한편, 사람은 볼 수 있는 만큼 성장한다고 한다. 이와 관련해 어린 시절 동네 형과 옥상에서 63빌딩을 바라보며 누가 더 멀리 보는지 시합했던 기억이 떠오른다. 돌이켜보면 그때 그 시간을 통해 나는 오늘보다 더 나은 삶을 살겠다는 다짐을 했고, 재미 삼아 한 행동이었지만 시력 향상에도 도움이 된 듯하다. 이 같은 이유로 나는 나의 아이들에게도 멀리 보는 훈련을 시킨다. 그리고 이 과정을 통해 깨우친 게 있다. 설령 현재 내가 두 발로 딛고 있는 곳이 좋은 환경이 아니더라도 더 나은 곳을 바라보면서 목표를 향해 나아간다면 원하는 바를 이룰 수 있음을. 왜냐하면 한 발짝 떨어져서 현실을 보면, 눈앞에 닥친 문제와 다가올 장애물을 극복할 힘을 가지게 되니까.

이 같은 이치를 깨닫게 되는 일이 있었다. 내가 프로그램 개발자에서 물러나고도 한참의 시간이 흘러 서점에 방문했을 때였다. 자연스럽게 프로그램 개발 언어 관련 도서를 살펴보게 됐는데 파이썬(Python)을 주로 다루고 있었고, 요즘은 ChatGPT가 눈에 띈다. 내가 프로그램 개발자로 활동할 때는 C언어와 자바를 이용했으니 큰 변화다. 또 이를 통해 주변에서 환경의 변화에 대응할 수 있는 대안을 내놓고 있음을 알았다. 그러니 우리는 변화를 두려워하기보다는 세상이 알려주는 대안을 잘 활용하기만 하면 된다. 그 속에서 생기는 미숙함과 실수는 당연하니 부끄러워할 필요가 없다. 그보다 부끄러운 건 교만함으로 현실에 안주하려는 자세다.

같은 맥락으로 어린 시절의 내가 평지에 사는 친구들을 부러워하고, 내가 사는 동네를 창피하게만 생각했다면, 지금처럼 당당하고, 도전적이며, 변화를 끌어내는 사람으로 성장하지 못했을 듯하다. 그래서 미래를 바꿀 수 있는 건 오직 '지금'이라고 말하고 싶다. 그리고 방향이 정해졌다면, 힘든 상황과 마주하더라도 포기만 하지 않기를 바란다. 아주 잠깐일지라도 망설이는 시간은 소멸하여 누구도 기억하지 못하는 찰나가 되어 버리지만, 매 순간 최선을 다해 전진한다면 멀게만 보였던 소망이 어느 순간 눈앞에 펼쳐지니 말이다.

솔직히 고백하자면, 나도 여전히 처음 가본 길은 몇 번이고 헷갈려서 갔다가 다시 돌아오기도 하니 무언가를 시도하기 전에 고민하게 된다. 그런데도 앞으로 나아가기를 멈추지 않는 이유는 어떤 선택을 하든 배울 게 있어서다. 예를 들어, 달동네에 살던 때 부모님이 입버릇처럼 하던 말이 있다. 바로 "그때 사업 대신 아파트를 샀더라면 안 망했을 텐데……."다. 다름 아니라 사업을 하고 싶었던 아버지는 사채의 힘을 빌렸고, 그로 인해 얼마 지나지 않아 빚이 눈덩이처럼 불어났기 때문이다. 그러나 나는 이를 통해 제3자의 돈으로 사업하면 안 된다는 걸 배웠고, 이는 부모님

하룻밤, 300억을 포기한 남자

이 내게 해준 유일한 경제 교육이다. 그 이후 무수한 혼돈의 시간을 보냈지만, 주어진 환경이 배움의 현장이 되기도 하고, 무의미한 순간이 되기도 하는 건 내 의지에 달려 있음을 삶으로 익혔다.

성공하고 싶은가?

더 발전하고 싶은가?

그럼, 단점을 장점으로 바라봐라.

성공의 시작은 관점에서 출발한다

03

지금의 자리를
업데이트하라

지구의 평균 지름은 약 12,742km(7,918마일), 적도의 둘레는 약 40,075km(24,901마일)로 우주의 천체 중에서 상당히 작은 편에 속한다. 그러나 우리 인간에게는 매우 거대한 존재다. 더욱이 지구만큼 생물이 살아가기에 적합한 행성은 아직 발견되지 않았다. 그렇다고 아직 보지 못했다고 해서 이 세상에 존재하지 않는다고, 보았다고 해서 그것이 전부라고는 할 수 없다. 다시 말해, 어떤 상황이든 언제든지 변할 수 있다. 어릴 적 생긴 성격과 가치관 등도 마찬가지다. 성장하면서 쌓이는 경험치를 통해 업데이트된다.

보통 프로그래밍할 때 기존 상태에서 보완을 하면, 업데이트 또는 업그레이드라는 표현을 사용한다. 이 관점에서 인간의 생체 프로그래밍을 바라보면, 인체의 모든 프로세스는 죽기 직전까지 업데이트가 진행된다. 그야말로 멋진 구조다.

예를 들어, 당신이 아주 큰 슬픔을 겪었다고 하자. 그러면 이 경험은 뇌라는 스토리지에 저장되어 여러 부교감계를 자극한다. 그리고 비슷한 슬픔과 마주하면 범퍼 역할을 하기도 하고, 더 큰 슬픔인지 아닌지 구분하는 가늠좌가 되어주기도 한다. 비단 사람뿐만 아니다. 과거의 슈퍼컴퓨터는 방 하나를 차지할 정도로 거대했지만, 연산 수식이 줄어들고, 반도체 기술의 발전으로 휴대폰, 심지어 스마트 워치 크기만큼 작아졌다.

이렇게 대부분의 프로그램은 꾸준히 진화하건만, 내가 살던 달동네만 그대로인 듯하다. 이러한 이유로 나는 "당신이 원하는 곳이 있다면 당신이 있는 그곳을 원하는 곳으로 변화시켜라."라고 말하고 싶다. 이와 관련해 많은 사람이 알고 있듯 맹자의 모친은 자녀에게 좋은 환경을 제공하기 위해 여러 곳으로 이사를 했다. 하지만 완벽한 곳은 존재하지 않았다. 그러니 본인이 서 있는 곳을 완벽하게 바꾸면 된다.

사실 무엇이 완벽한 모습인지는 알 수 없으나 완벽이라는 이름으로 있을 수 있다면, 온갖 오류를 해결하여 최신 버전으로 업데이트한 지금의 모습이 아닐까 한다. 한마디로 인생에 있어서 최신 업데이트는 과거에 바라본 지점이 아닌, 현재에 바라보는 곳이 되어야 한다. 쉽게 말해 태어나면서부터 보게 된 세상이 아닌, 경험이 누적되면서 생긴 목표를 달성하면서 자기의 삶을 디자인해 나가는 일이야말로 진정한 업데이트이다.

하룻밤, 300억을 포기한 남자

결국 내 인생을 바꾸는 건
환경도 주변 사람도 아닌
올바른 나의 마인드다.

04

힘이 나지 않으면
힘낼 수 있는 환경을
만들어라

태어날 당시를 기억하는 사람은 아무도 없다. 나 역시 그렇다. 그로 인해 가장 오래된 기억은 내가 3~4살 되던 무렵에 잠에서 막 깨어 비몽사몽으로 TV 쪽으로 가다가 금고의 모서리에 찧어 이마가 찢어지는 바람에 부모님이 둘러업고 새벽에 병원에 가 이마를 꿰맨 일이다. 이렇듯 어린아이는 자립할 수 있을 때까지 수많은 위험에 노출되어 있고, 그로 인해 주변의 돌봄이 필요하다. 특히 태어난 직후에는 다음과 같은 3가지의 도움이 요구된다.

첫째, 신생아는 체온 조절에 어려움을 겪을 수 있다. 이는 아기의 신체 온도 조절 메커니즘이 완전히 발달하지 않은 데서 오는 증상으로, 아기가 적정한 온도를 유지할 수 있도록 보살펴야 한다. 둘째, 아기는 소화 문제를 경험할 수 있다. 그 이유는 소화 시스템이 미성숙하기 때문이다. 이로써 구토, 복부 팽창, 가스 축적 등을 유발하기도 한다. 그뿐만 아니라 유산균 부족으로 복통을 비롯한 장기 쪽에 말썽이 생기기도 한다. 셋째, 신생아는 생활 리듬이 정착되어 있지 않아 다양한 수면 패턴을 보인다. 그러므로 잠자리의 규칙적인 패턴을 찾을 수 있도록 해주어야 한다.

다시 말하지만, 아기는 한없이 약하여 누군가의 돌봄이 필요한 존재다. 그래서 참 감사하다. 태어나서 내가 기억을 하게 된 3~4살 무렵까지 부모님과 주변 어른의 도움이 없었다면 지구상에 나라는 존재는 없었을 테니 말이다.

반면, 이 시기에 삶의 대부분의 오류가 생긴다. 스스로 먹을 수도, 스스로 일어설 수도, 스스로 배변 활동을 할 수

하룻밤, 300억을 포기한 남자

도, 스스로 잠들 수조차 없는 지구상에서 가장 나약한 존재인 시기에는 주변 사람과 주어진 환경 안에서 보고, 듣고, 배우며 성장하기 때문이다.

가령, 태어나면서부터 봐온 달동네가 63빌딩 높이와 비슷해 대한민국 서울특별시 하늘 아래에서 가장 비싼 곳인 줄 착각했던 나처럼. 또 그 당시에 할아버지, 할머니, 아버지, 어머니, 누나, 나, 둘째 작은아버지, 둘째 작은어머니, 둘째 사촌동생, 셋째 작은아버지, 셋째 작은어머니, 첫째 삼촌, 첫째 고모, 둘째 고모까지 총 14명이 함께 식사할 때가 종종 있었는데, 나는 가족 수가 많으면 많을수록 부자인 줄로만 알았다.

이 외에도 내겐 이 시기에 형성된 수많은 오류가 존재한다. 이를 바탕으로 태어나서 일반적으로 첫 기억의 시점이 되는 3~4살까지 보이고, 들리고, 느껴지는 모든 요소는 한 사람의 성향, 사고 등 인생 전반에 영향을 주는 아키텍처를 구성한다고 볼 수 있다.

조금 더 쉽게 설명하자면, 이 시기에 밥을 주식으로 먹는지, 고기 또는 빵을 주식으로 먹는지에 따라서 식습관의 패턴이 자리 잡을 것이며, 시간이 지남에 따라 소화 기능에 차이를 보이거나 편식을 하게 되기도 한다. 참고로 나의 첫째 아이는 아토피로 어릴 때부터 밀가루를 먹이지 않아 간혹 밀가루를 먹게 되면 소화 불량이 일어나 밀가루가 들어간 음식을 멀리한다. 다른 예로, 늘 검은 머리칼의 사람만 보다가 노란 머리의 외국인을 마주하게 되면, 아무리 어리더라도 인간 유형에 대해 구분하기 시작한다. 한없이 작아서 혼자서는 할 수 있는 일이 거의 없어 보이는 인격체로 보일지라도 영아기의 뇌는 놀라울 정도로 복잡하고, 빠르게 발전한다는 뜻이다.

프로그램 개발자였던 나는 때때로 인간의 사고도 기계 프로그래밍 방식으로 계산할 때가 있다. 그러면 이따금 혼

란스럽기도 한데, 그럴 때마다 인간의 기본 메커니즘을 이해하는 데서부터 다시 출발한다. 무한히 확장하고, 오류를 내고, 수정하면서 발전해 온 인간 본연의 모습을 간과했음을 알아차림으로써 현재도 그러한 과정을 거치고 있음을 받아들이는 것이다.

이러한 관점에서 당부한다. 혹 해결하지 못하고 있는 어려움이 있다면, 부디 본인이 오류 없는 인간이라는 치기 어린 믿음을 버리고, 영아기로 돌아가 외부로부터 오는 시각, 청각, 후각, 미각, 촉각의 정보를 순수하게 받아들여 보길 바란다. 인생은 각자의 방식대로 여러 방향으로 살아가게 되는데, 100세 시대라고 할 만큼 긴 세월을 살아야 하는 우리에게 닥친 시련과 고난은 당장은 크게 보이더라도 지나고 나면 작은 점에 불과하니, 어린 시절에 그랬듯 눈앞의 상황을 있는 그대로 파악하고, 헤쳐 나갈 힘을 찾길 바라는 마음에서 하는 말이다. 그리고 그렇게 해보면 어디에 발을 내디뎌야 할지 길이 보일 테다. 적어도 나는 그랬고, 힘이

나지 않으면 힘이 날 수 있는 환경을 만들면 된다. 당신도

충분히 할 수 있다.

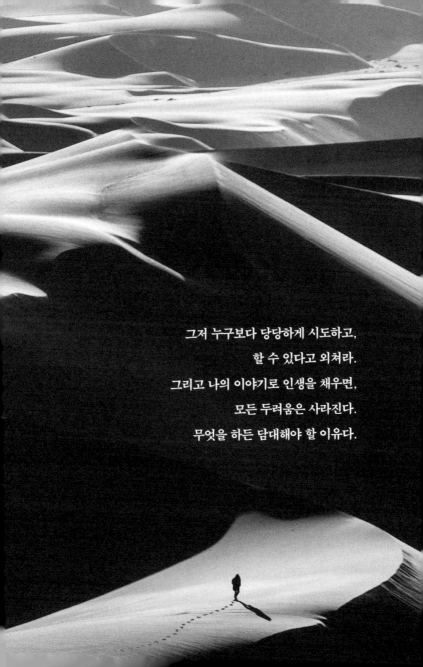

그저 누구보다 당당하게 시도하고,

할 수 있다고 외쳐라.

그리고 나의 이야기로 인생을 채우면,

모든 두려움은 사라진다.

무엇을 하든 담대해야 할 이유다.

05

타인에게 휘둘리지 마라

나의 어머니는 10여 명이 모여 사는 대가족의 맏며느리였다. 생각만 해도 온 가족의 식사 준비에 청소와 빨래 및 각종 허드렛일로 하루하루가 고됐을 듯하다. 더욱이 그 시절 대부분의 가정이 그러했겠지만, 가부장적인 집안 분위기로 어머니의 목소리를 내는 법이 없었다. 오히려 상대방의 의견에 동조하는 편이었다.

이런 어머니의 성향은 나에게도 영향을 미쳤다. 누군가가 강하게 주장하거나 일방적으로 서운함을 들어내어 난처한 상황을 만들면, 그 분위기에 압도당해 휩쓸려갔다. 문제는 어릴 때 형성된 성향은 쉽게 고쳐지지 않는다는 점이다. 심지어 바꾸려고 할수록 자아와 충돌해 괴리감을 느낀다.

이런 경우는 애써 바꾸려고 하기보다 스스로의 기준선을 정하는 방식을 추천한다. 자신이 받아들일 수 있는 마지노 선을 설정하는 거다. 명백히 모든 관계와 상황에서 일어나 는 갈등은 서로 상이한 해석에서 비롯되는데, 상대의 일방 적인 강요는 나에게 건강한 선택을 하게 하지는 않는다. 그 러니 스스로를 지키기 위해 상대를 이해하기에 앞서 나 자 신에 대한 메타인지를 하라는 의미에서 권하는 방법이다.

그리고 나 자신을 파악하지 않고서 이루어지는 상대방 에 대한 관용이나 동조는 스스로를 망치는 지름길임을 잊 지 말고, 아래의 조언을 마음에 새기기를 바란다.

"누구도 너의 결정을 바꿀 수 없어."

"타인의 조언은 그저 남의 머릿속에서 나온 흘러가는 바람이야."

"네 내면의 마음을 온전히 바라볼 수 있는 시간을 가져봐."

내가 무엇을 좋아하고,
무엇을 할 때 행복한지 알아야
모든 면에서 빠르게 성장한다.

06

내 말투가 일상을 바꾼다

🕐

　　잠시 우리 아이들 이야기를 하려 한다. 어
릴 때 잔병치레가 많았던 첫째는 어느덧 미모에 관심을 갖
는 나이가 되었고, 이제 갓 돌을 지난 둘째는 순둥이가 따
로 없다. 그런데 어느 순간부터 딸아이의 말투가 거칠어지
는 게 느껴졌다. 화를 내기도 하고, 짜증도 늘었다. 어린 아
들은 이런 누나의 모습을 보고 같이 소리 지르거나 행동을
따라 하기도 했다. 깜짝 놀란 나는 "벌써 사춘기인가? 아이
들이 왜 저러는 거야?", "당신이 오냐오냐하니까 저러는 거
아냐?"라고 아내에게 물었다.

　　　　　　　　하룻밤, 300억을 포기한 남자

순간 아차 싶었다. 주로 가부장적인 아빠들이 아이들을 제대로 키우지 않았다며 엄마를 나무라는 말을 내가 하고 있었기 때문이다. 더욱이 나의 부모님이 이런 말을 할 때마다 부부싸움이 일어나 듣기 싫은 말 중 하나였는데도.

그로부터 몇 날 며칠 동안 아내와 아이들을 상대하는 내 모습을 돌이켜보며, 성찰하는 시간을 가졌다. 그 끝에 무뚝뚝하고, 일에 집중하느라 나와 잘 놀아주지 않아 닮고 싶지 않았던 아버지 모습이 나에게서도 보여 '계속 이런 식이면 우리 아이들도 나를 멀리하겠네.'라는 생각이 들어 겁이 덜컥 났다.

문제는 그다음이었다. 마음은 조급한데 어디서부터 어떻게 바꾸어야 할지 감이 잡히지 않았다. 그래서 친구 같은 아빠, 존중받는 아빠가 되고 싶은 내 소망에서부터 출발했다. 고백하자면, 나도 사람인지라 업무를 마치고 집에 돌아오면 피곤해서 '열심히 일하고 돌아온 나를 건드리지 마.',

'조금만 쉬고 놀아줄게.'와 같은 마음의 소리가 목구멍까지 올라왔다. 하지만 이건 객관적으로도 구차한 변명이었다. 이를 인정한 나는 일과 가족을 분리하기 시작했다. 업무는 최대한 사무실에서 해결했고, 그것이 어려우면 아이들이 없는 공간에서 처리했다. 또 아이들과 함께 생활하는 거실과 안방, 아이들 방에서는 휴대폰 대신 아이들과 눈을 마주치는 연습을 했다. 더불어 "긍정아(첫째 애칭), 요즘 왜 이렇게 예뻐지는 거야?", "누가 가르쳐주지 않았는데도 어떻게 이렇게 스스로 숙제를 잘해?", "호빵이(둘째 애칭)가 귀찮게 하는데도 예뻐해 주니까 정말 멋진 누나 같아." 등의 칭찬을 하나씩 찾아서 표현했다.

이런 나의 노력 덕분인지 우리 집에 평화가 찾아왔다. 그제야 아이는 부모의 거울이라는 말이 실감 났다. 우리 아이들이 나의 말과 행동을 그대로 따라 하고 있었으니까. 이 같은 이유로 만일 내가 아내를 탓했을 때, 내 모습을 뉘우치지 않았다면 어땠을지 생각해 보면 아찔하다. 지속해서

하룻밤, 300억을 포기한 남자

부모의 짜증스럽고, 귀찮은 듯한 말을 듣고 자란 아이는 자존감이 높지 않은 경우가 많은데, 내가 우리 아이들을 그렇게 만들 뻔했으니 말이다.

물론 말 습관은 가족 사이에서뿐만 아니라 모든 관계에서 주의해야 한다. 간혹 작은 일에도 화를 내거나 무얼 하자고 하면, 의견은 내지 않으면서 부정적인 반응을 보이는 사람이 있다. 예를 들어, 점심시간에 "우리 짜장면 먹을까?"라고 하면 "난 중국집은 별로."와 같은 말로 상대방의 기분을 상하게 하는 것이다.

나는 아이들에게 부끄럽지 않은 아빠가 되기 위해서 내가 하는 말과 행동을 들여다보고, 바꾸기 시작했다. 그리고 긍정적인 효과를 톡톡히 느끼는 중이다. 그러니 이 글을 읽는 당신도 사용하는 언어에 따라 하루와 인생이 달라짐을 잊지 말고, 말 한마디로 더 근사한 일상을 만들어 나가길 바란다.

말은 곧 그 사람의 인성이고,
인성이 그 사람의
하루를 만들어 낸다.

07

좋은 사람이
몰려오게 하는 법

우리는 여러 관계를 맺으며 많은 에너지를 소비한다. 특히 나는 부모님의 버림 때문인지 학창 시절 따돌림을 당한 기억 때문인지 타인과 친분을 유지하는 게 유독 힘들었다. 그렇다고 내가 먼저 적극적으로 다가가지도 않았다. 자신감이 없어도 너무 없었다. 이에 '무뚝뚝하다고 상사가 나를 아껴주지 않는 게 아닐까?'라는 생각을 하며 심한 스트레스도 받았다.

지금 돌이켜보면 참 어리석기 그지없다. 어떻게 상대방이 나에게 관심을 주지 않는다고 해서 그 모든 게 나의 탓이고, 나의 노력 부족 때문이라고 단정하며 살았는지 이해가 되지 않는다. 심지어 늘 누구와도 두루두루 잘 지내는 선배와 동료들을 동경하고, 부러워했는데, 아이러니하게도 내가 그토록 우러러봤던 이들 중 현재 나보다 잘살고 있는 사람은 없다.

그러던 어느 날, 인간관계에 대한 패러다임을 바꾸는 일이 생겼다. 프로그래머 활동을 접기로 하고, 회사 기숙사에 짐을 정리하러 간 날이었다. 그때 나는 "지방 전문대 출신에 외모도 별로고, 재주도 별로 없는 주제에 퇴사는 무슨 퇴사야! 이 배신자야! 넌 여기 남아있는 애들한테 바이러스 같은 놈이니 괜히 물 흐리지 말고 조용히 짐 싸서 꺼져."라는 말을 들었다. 그건 직원 3명이 해야 할 일을 혼자 처리하다가 간수치가 18,000을 넘어 무려 한 달 넘게 휴직한 직원에게 할 말은 아니었다. 또 병원에 입원해 있을 동안 단 한번도 찾아오지 않았던 사람 입에서 나온 소리라고는 아무도 예상 못하지 않을까?

그제야 회사가 소속감을 준 건 맞지만 앞으로 살아갈 날이 더 많은 나의 미래를 보장해 주지는 않는다는 현실이 보였다. 회사가 어떤 태도를 취하든 신뢰하라는 사고방식도 마음에 안 들었다.

그 후로 나는 내가 일한 만큼 보장받는 영업의 길에 들어섰고, 16년간 4번 이직했다. 그때마다 기준은 한결같았다. 회사가 나를 신뢰하는가? 회사가 나를 보장해 주는가? 아쉽게도 지금까지 그런 회사는 듣지도 보지도 못했다. 처음은 좋았지만 끝은 항상 긍정보다는 부정에 가까웠다. 게다가 상대방의 말이 바뀌면서 회사를 옮겨야 하는 상황에서는 손해는 기본이고, 자존감도 낮아졌다.

물론 어떤 사이든 한쪽의 노력만으로 좋은 관계로 이어지는 건 아니다. 서로 배려하고, 이해할 때 가능한 그림이다. 결국 관계는 혼자가 아닌 둘이서 맺는 거니까. 그런 의미에서 '이 사람을 어떻게 하면 바꿀 수 있을까?'를 고민하기보다 기대를 내려놓으면 훨씬 나은 결과를 불러온다. 이는 내가 직접 체험하기도 했고, 그로 인해 좋은 사람도 많이 만났다.

만일 노력했는데도 상대방이 변하지 않는다면, 그건 놓아야 할 관계이니 마음 아파하지 마라. 그 대신 나 자신을 사랑해 주고, 아껴라. 그러면 분명 그 자체를 좋아해 주고, 이해해 주는 사람들이 당신을 찾아올 것이다.

사업에서도 마찬가지다. 내가 아무리 잘해주어도 본인의 이익만 챙기려는 사람과는 굳이 관계를 지속할 필요가 없다. 나를 원하는 사람들과 웃으면서 일하기에도 바쁜 세상이다. 그렇게 스스로를 챙기며 당신을 필요로 하는 이들과 함께하다 보면, 당신도 모르는 사이에 좋은 사람이 옆에 와 있을 것이다.

성공한 사람들은
목표를 이루고 나면
내려놓는 연습을 한다.
내려놓음도
더 성장할 수 있는 영역임을
아는 덕분이다.

08

현재를 더 행복하게
만드는 법

세상에는 열렬한 애정과 비열한 애정 두 가지의 애정이 존재한다. 우선 전자의 경우는 갖고 싶고, 하고 싶은 것을 얻기 위해 자신이 할 수 있는 모든 것을 쏟아 인생의 활로를 개척해 나간다. 당장 힘들고 어려울지라도 방법이나 계획에 문제가 있는 게 아니라서 대체로 시간이 해결해 준다. 그런데 후자는 갖고 싶은 건 많지만 "가진 게 없어서.", "능력이 없어서.", "당장 할 수 있는 게 없어서."와 같은 신세 한탄을 넘어 주변을 몰락시키거나 친구 또는 동료를 짓밟고 올라가기도 한다.

한편, 가난할 만큼 가난하고, 한심할 만큼 한심하게 살아 본 나는 '가난한데 그래서 어쩌라고.', '능력 없는데 그래서 어쩌라고.', '한심해 보이는 거 아는데 그래서 어쩌라고.'와 같은 생각을 많이 했다. 나에게는 그 모든 게 문제가 아니었다. 오히려 내게 주어진 상황을 푸념하면서 돈으로도 살 수 없는 젊디젊은 내 시간을 허비하는 게 더 잘못됐다고 판단하고, 무엇이든 하면서 시간을 허투루 쓰지 않으려고 노력했다.

그리고 이런 질문을 하기 시작했다. '정말 내가 가진 게 아무것도 없을까?', '공기처럼 평소에 인지하지 못한 재능이 있지 않을까?' 오롯이 나 자체에 집중을 한 것이다. 그랬더니 다른 사람보다 더 나은 조건이 하나둘 보였다. 아래는 그렇게 찾은 나의 강점이다.

나는 가난하다. → 내가 무얼 하든 얻을 것밖에 없다.

> 나는 능력이 부족하다. → 나는 어디서든 필요로 하는 존재가 될 수
> 밖에 없다.
>
> 나는 조용한 성격이다. → 나는 집중력이 좋다.
>
> 나는 사람들 앞에 잘 나서지 못한다. → 나는 기획으로 누구든지
> 서포트해 줄 수 있다.

나는 당신에게도 이런 시간을 가져보라고 권하고 싶다. 장점을 찾기보다 단점을 찾아서 그것이 정말 단점인지를 따져보고, 관점을 전환해 보는 거다. 그러면 미처 보지 못했던 내가 누릴 수 있는 부분이 보일 것이다.

일례로 나는 13명의 대가족 장남의 장손으로 태어나 할아버지의 사랑을 듬뿍 받고 자랐다. 어느 정도였느냐 하면, 가족 중 누군가가 나를 야단치거나 울리는 사람은 할아버지에게 호되게 혼나야 했다. 실제로 5살 때, "할아버지, 아빠가 나한테 무서운 표정 지었어. 할아버지가 혼내줘."라고

했고, 그날 아버지는 할아버지에게 불려 가 일장 연설을 들어야 했다. 그래서인지 나는 세상에서 가장 소중한 사람이라고 믿는 자존감 높은 아이였다.

그런데 그 당시에 나는 달동네의 무허가 9평짜리 집에서 살았다. 지긋지긋할 정도로 가난했다. 모두 내가 선택하지 않았고, 내가 바꿀 수 없는 부분이었다. 하지만 그런 가운데

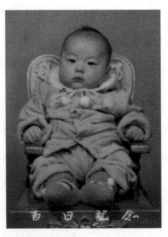

가난했지만 자존감 높은 아이로 자란 저자

하룻밤, 300억을 포기한 남자

서도 어린 나이의 나는 내가 누릴 수 있는 행복을 찾았다.

당신도 그랬으면 좋겠다. 다른 사람이 가진 것을 부러워하고, 비교하기보다 현재 내가 누릴 수 있는 부분을 찾아내어 하루라도 빨리 즐기기를.

앞으로 나아가는 사람과
점점 후퇴하는 사람의 결정적 차이는
대처 능력에 있다.
문제 해결의 가장 우선순위는
호들갑 떠는 게 아니라
대처하는 것이다.

09

상처 준 사람에게
복수하는 법

나에게 상처를 준 상대를 굳이 용서할 필요는 없다. 그렇다고 복수할 필요도 없다. 왜냐하면 누군가에게 쉽게 상처를 주는 사람은 비슷한 부류와 어울리면서 서로가 서로에게 생채기를 내며 살아갈 테니까. 그렇지 않더라도 "타인에게 상처를 준 사람은 인과응보에 따라 반드시 죗값을 치르게 된다."는 말도 있지 않은가.

아무리 100세 시대라고 하지만 우리 인생이 그리 길지는 않다. 그런 삶에 아주 작은 점에 불과한 잠시의 고통 때문에 소중한 나의 현재와 미래를 지옥으로 빠트릴 이유는

하룻밤, 300억을 포기한 남자

없다고 본다. 그러기엔 내 삶이 너무 아깝다.

당연히 상처를 받으면 기분이 나쁠 수 있다. 그리고 똑같이 되갚아주고 싶기도 하다. 만일 꼭 복수를 하고 싶다면, 그 사람을 신경 쓰지 마라. 관심을 주는 것도 사치다. 굳이 나를 아프게 한 사람 때문에 감정노동을 할 필요가 없다. 그러니 아예 마음을 비워라. 때로는 노력하기보다 비우는 게 답이 되기도 한다.

대신 그 사람보다 더 나은 성품으로 더 나은 인생을 살아라. 얘기했듯 그 사람은 당신이 아니더라도 또 다른 사람에게 똑같은 잘못을 저지르고, 죗값을 돌려받게 되어 있다. 다시 말해, 내가 나설 필요가 없다. 그렇게 하면 나만 똑같은 사람이 될 뿐이다. 그저 내가 할 수 있는 일을 하며, 최고가 되어 웃으면 게임은 끝난다. 최고의 복수는 상처 준 사람보다 더 잘살아내는 거다.

사람은 잘 변하지 않는다.
고쳐 쓰려고 하지 말고,
과감히 내쳐라.

PART 3

전쟁터에서 나를 지키는 방법

01

당신이 흘린 땀을 믿어라

기차를 움직이려면 석탄, 석유, 전기, 수증기 등 다양한 연료가 필요하다. 이것이 기차의 엔진을 작동시키면, 철로 위의 바퀴가 굴러가기 시작한다. 이때 선로가 움직이는 것도, 바퀴가 제각각 움직이는 것도 아니다. 오로지 기차 제일 앞부분의 엔진이 힘을 받아야 바퀴와 붙은 각각의 열차 칸도 앞으로 나아간다.

그렇다면 인간을 움직이게 하는 원동력은 무엇일까? 나의 경우는 노력, 열심, 혼신, 최선과 같은 단어로, 평소 자신의 의지를 보여주는 사람으로부터 "더 노력하겠다.", "열심

히 하겠다.", "혼신을 다해 최선을 다하겠다."와 같은 표현
으로 많이 듣는다.

한편, 〈주간조선〉 2014년 9월 28일 자 '안 먹고 며칠까지
버틸 수 있나' 기사에 의하면, 40일 동안 아무것도 먹지 않
으면 살 수 없다고 한다. 이에 단식을 하면서도 우리 몸을
유지해 주는 물과 소금은 섭취한다. 그런데 우리는 일상에
서도 단식 체험을 한다. 만일 저녁을 7시에 먹고, 다음 날
아침을 7시에 먹는다면, 12시간을 단식하는 셈이다. 그럼
에도 신체 기능에 문제가 생기지 않는 이유는 잠자는 동안
에는 움직임이 거의 없어 큰 열량이 필요하지 않아서다.

여기에서 내가 하고 싶은 말은 몸을 구성하는 요소는 음
식이지만, 나를 행동하게 함으로써 목표를 달성하고, 성장
과 성공을 하게 하는 에너지원은 '땀'이라는 부분이다. 모
두가 알다시피 땀은 몸을 움직이거나 외부 온도가 뜨겁거
나 차가울 때 몸이 반응하며 체온을 조절하기 위해 배출되

는데, 인간의 몸에서 밖으로 나오는 물질 중에 표면의 분포도가 가장 넓다. 이런 땀을 온몸에서 흐르게 하려면 열정적으로 움직여야 한다. 그러니 "혼신의 힘을 다하면 성과가 난다."라는 말이 성립된다. 또 다음과 같은 해석을 납득할 수 있다.

"열심히 했는데 결과가 좋지 못했어." → 열심히 하지 않았다.

"최선을 다했지만 역부족이었어." → 게을렀다.

"컨디션이 나빠서 조금 힘들었어." → 멘탈 관리를 못했다.

"옆에서 훼방을 놓는 바람에 실력 발휘를 100% 못했어." → 집중을 못했다.

다시 말해, 스스로 만족하지 못하는 성과는 땀을 효율적으로 활용하지 못했기 때문이다. 이 같은 상황은 공부하면서 '잠깐 쉬고 초집중할 거야.' 또는 '나는 머리가 좋아서 시험 기간 3일 전부터 준비해도 돼.'와 같은 착각으로부터 비롯된다. 그런데 최근 첫째 아이가 종종 이런 모습을 보여서 다그치기보다는 지금 하지 않으면 어떤 결과를 초래하는지 객관적으로 알려주곤 한다.

이쯤에서 성과를 도출하는 땀을 인생의 총량에 대입해보자. 그러면 '기회 = 땀 ÷ 총 수명'이라는 공식이 나온다. 문제는 인간의 수명이 점차 늘어나고 있어서 기회가 현격히 줄어든다는 점이다. 왜냐하면 땀을 꾸준히 생산적으로 흘리지 않는 이상 기회의 결괏값은 매우 적거나 0에 가까울 테니 말이다. 이로써 생명이 다할 때까지 땀을 흘려야 수명과 대비했을 때 많은 기회를 얻음으로써 더 나은 삶을 영위하게 됨을 알 수 있다. 그리고 단언컨대 이 땀은 우리를 배신하는 법이 없다.

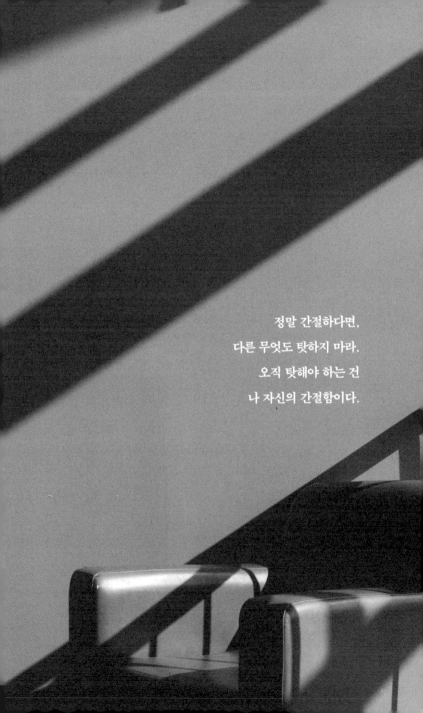

정말 간절하다면,
다른 무엇도 탓하지 마라.
오직 탓해야 하는 건
나 자신의 간절함이다.

02

내 마음의 주치의가 되어라

테슬라의 CEO 일론 머스크는 종종 하루에 20시간을 일한다고 말한다. 그만큼 그는 치열하고, 고단하게 사는 사람 중 한 명이다. 이것이 밑거름이 되어 테슬라를 전 세계 전기차 시장에서 독보적인 기업으로 만들어 놓았음을 부정하는 사람은 없을 것이다. 그런데 사람은 고강도로 반복되는 일과 스트레스가 계속되면 쓰러지기 마련이다. 가끔 뉴스에서 보게 되는 택배 기사 또는 하청 업체 담당자의 비보만 봐도 알 수 있다.

나도 이런 비슷한 경험을 한 적이 있다. 2005년, 친구의 권유로 안산의 한 전자 공장에 취업을 했다. 그런데 3년 후, 몸에 이상 증세를 느껴 병원에 방문했더니 A형간염 수치가 18,000까지 올라 있었다. 그렇게 나는 생각지도 않은 한 달 반의 공백기를 가져야 했다. 당연히 회사에서는 나를 대신할 직원을 구했고, 그로 인해 실망감과 허탈함이 밀려왔다. 그렇게 퇴사한 나는 다시 달동네로 돌아갔다.

그때부터 나는 '20대의 절반을 회사에 투자했는데 결국 실업자라니.', '난 지금까지 뭘 한 거지?', '앞으로 어떻게 살지?'와 같은 생각이 괴롭혀 무기력함에 빠졌고, 심지어 같은 집에 사는 부모님 얼굴도 제대로 보지 않는 은둔형 외톨이가 되어 갔다. 건강은 회복했지만 마음은 바닥까지 피폐해져 그 어떤 조언도 귀에 들어오지 않았다. 그만큼 나약한 인간이 되어 있었다.

혹 지금 이런 시기를 겪고 있다면, 굳이 마음을 열기 위해 애를 쓸 필요는 없다. 상처가 났을 때, 어느 정도 시간이

하룻밤, 300억을 포기한 남자

지나면 피고름이 사라지고 새살이 돋아나듯, 마음이 치유될 때까지 기다리는 것도 하나의 방법이니 말이다. 나는 이를 자가 마음 치료라고 부른다.

사실 내 마음을 치유할 수 있는 유일한 의사는 지구상에 오직 하나, 바로 '나' 자신밖에 없다. 제3자가 칼로 마음을 열어서 석션을 들이밀어 상처 부위를 흡입해 봉합할 수도 없는 노릇 아닌가. 설령 그런 기술이 있다고 해도 부정적인 생각을 로봇처럼 떼어낼 수 있는 것도 아니다.

그렇다면 이 고통스러운 구간을 어떻게 벗어날 수 있을까? 답은 현실 진단에 있다. 나의 경우를 예로 들자면, 회사에 배신감이 들어서인지, 내가 하던 일을 더는 할 수 없게 된 상실감 때문인지 스스로 묻고 답하면서 힘들어진 이유를 찾아야 한다는 뜻이다. 이는 그 누구도 대신해 줄 수 없는 본인만의 과제이다. 이렇게 극복하는 힘을 길러야 다른 시련이 찾아와도 헤쳐 나갈 수 있다.

실수도, 실패도, 좌절도, 고난도

영원하지 않아.

괜찮아.

03

내가 초단기 기억상실증에
걸리는 이유

나는 종종 초단기 기억상실증에 걸린다. 자고 일어나면 슬픈 기억을 잊는 것이다. 무엇의 영향으로 이런 초능력이 생긴 지는 알 수 없다. 추측건대 초등학생 시절의 학교 폭력, 중학교에 입학하던 날 빚쟁이들을 피해서 나를 두고 온 가족이 도망간 일, 5년 동안 작은아버지에게 당해야 했던 가정 폭력 등 심신을 지치게 하는 사건들로부터 나를 지키기 위한 자기방어 기제로 발현된 게 아닐까 한다.

이런 나는 힘든 상황과 마주할 때면 "다 잊고 내일부터 새롭게 살자."라는 주문을 걸며 스스로 기억을 지우기도 한다. 또 더 큰 아픔 앞에서는 지금의 아픔이 대수롭지 않게 될 것임을 알기에 "지금이 오히려 낫다."며 나 자신을 다독인다.

신기하게도 아침에 일어나 아무렇지 않게 평소처럼 일상을 보내다 보면, 무너졌던 마음은 어느새 나를 버티게 하는 기둥이 됐고, 상처는 딱지가 앉아 아물어 굳이 들춰보지 않으면 까마득한 과거가 되어 있었다.

이건 마치 암 환자가 암을 극복해 나가는 과정 같았다. 암에 걸린 사람이 얼마 살지 못할 거라고 생각하면 정말 오래 살지 못하지만, "난 감기에 걸렸을 뿐이야!"라며 치료에 집중하면, 암세포에 대한 신체의 저항이 높아지면서 예상했던 기간보다 더 오래 살거나 완치 판정도 받게 되는 상황 말이다.

언젠가 나의 팬과 이런 얘기를 나눈 적이 있다.

팬: 지옥 끝에 천국으로 들어가는 문이 있다고 들었어요. 제가 지금 서 있는 지옥의 끝을 가봐야 할까요?

나: 아뇨. 아마 지금 있는 곳이 천국일 거예요. 저 문을 여는 순간 또 다른 지옥이 기다리고 있을 거거든요. 그래도 여실 건가요?

지금 이 순간도 결코 그냥 이루어진 게 아니다. 그건 당신이 더 잘 알 테다. 그렇게 쟁취한 현재도 천국이 아닌데, 어느 곳에 천국이 있다는 말인가. 하물며 그 누구도 당신을 천국으로 데려가 줄 수 없다. 나는 그 열쇠를 아픔을 잊는 것으로 찾았고, 당신에게는 또 다른 방법이 될 수도 있다. 중요한 건 눈앞에 벌어진 현실에 어떻게 대응하느냐에 따라 결과가 달라진다는 데 있다.

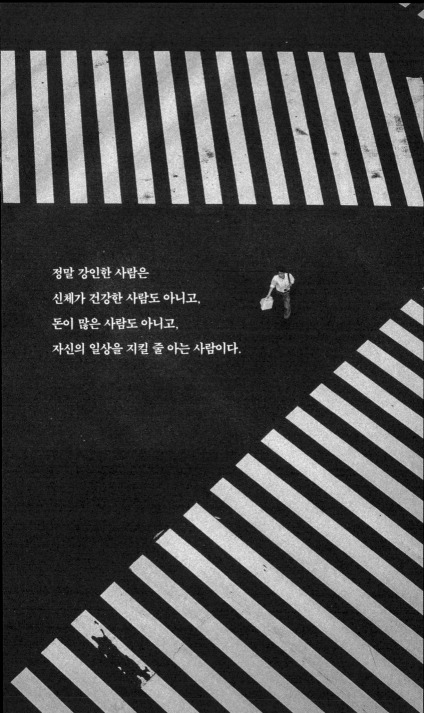

정말 강인한 사람은
신체가 건강한 사람도 아니고,
돈이 많은 사람도 아니고,
자신의 일상을 지킬 줄 아는 사람이다.

04

삶을 버티게 하는
한마디를 찾아라

어릴 때부터 호기심이 많았던 나는 세상 모든 것이 장난감이었다. 초등학교 1학년 때로 기억한다. 한 번은 골목 사이의 뒤죽박죽 엉켜 있는 넝쿨 사이의 벌집을 발견했는데, '벌에 쏘여봤자 얼마나 아프겠어?' 하고는 벌집에 손을 넣었다. 그렇게 약 30마리의 벌을 잡아 플라스틱 통에 한가득 담고는 신나서 집으로 갔다.

손은 당연히 벌침에 쏘여 퉁퉁 부었다. 벌을 잡아서 당장은 즐거웠지만, 통증이 밀려오니 괴로워 내 얼굴은 울상이 되고 말았다. 할머니는 그런 내 손을 잡고 된장을 발라주면서 "금방 가라앉을 거야. 아픈 건 잠깐이야. 그러니까 걱정 안 해도 돼."라고 했다.

그 뒤로 나는 내 인생에서 힘든 순간이 올 때마다 이 말을 되뇌었다. 그리고 이는 내 삶의 큰 무기가 됐다. 아무리 큰 시련과 역경이 내 일상을 뒤덮어도 타인의 힘을 빌린다거나 스스로 생채기를 내지 않고, 의연하게 딛고 일어서는 자력이 생겼으니까. 더불어 곧 사라질 어려움이니 문제를 한발 물러서서 바라볼 수도 있었다.

일례로 2000년대 초반, 한 대기업의 주식이 사상 최대로 떨어지는 초유의 사태가 벌어졌다. 법정 관리에 들어간다는 등 부도가 난다는 등 많은 사람이 불안에 떨었지만, 나의 최대 관심사는 그저 그 주식을 얼마만큼 저렴하게 매수할 수 있을까에 대한 궁리였다. 이 사건으로 내가 다니던 대학의 학과에서도 비상이 걸렸다. 이유인즉, 대기업인 해당 회사에 매년 1명 이상 취업을 했는데, 신입 채용 수를 줄여 지방 대학인 우리 학과에 그 기회가 사라졌기 때문이다. 이에 따라 동기들은 그 회사를 두고 이러쿵저러쿵 말이 많았다. 이때 나는 "저 큰 공장이 부도가 나서 빈 건물이 된다고? 말 같지도 않은 소리 하지 마. 어떻게든 다시 움직이게 될 거야!"라고 호언장담했다. 덩달아 주식 계좌가 없었던 나는 친구에게 아르바이트로 모은 30만 원을 주면서 그 회사 주식을 사달라고 했다. 그랬더니 친구는 나를 미친 사람 취급하며 차라리 그 돈을 자기에게 달라고 했다. 이런 반응에도 나는 뜻을 굽히지 않고, 내 허락 없이 주식을 팔지 말라는 당부도 했다. 그 회사는 바로 반도체 전문기업 SK 하이닉스다. 이 모두 위기와 마주할 때마다 문제 안에 있지 않고, 밖에서 관망하는 훈련을 한 덕분에 가능했던 대응이었다고 확신한다.

그런데 이게 웬걸. 그 일이 있고 입대를 한 나는 오랜 시간이 흘러 친구에게 주식을 매도해달라고 했더니, 이미 팔아서 본인이 썼다고 했다. 그러면서 미안하다며 거하게 술을 샀지만, 아까운 마음은 어쩔 수 없었다. 그도 그럴 것이 친구가 계좌에서 돈을 뺐을 땐 한 주당 8,000원이었고, 내가 요청했을 때는 10,000원이었으니 그 금액 차이가 얼마란 말인가. 더욱이 나는 다시없을 저렴한 시기에 매수했으니 아쉬운 마음이 들지 않는 게 오히려 이상한 상황이었다.

이 경험뿐만 아니라 다양한 사람을 만나면서 한 가지 깨달은 점이 있다. 사람마다 신호 체계가 달라서 같은 이야기를 해도 받아들이는 정보는 결코 같을 수 없다는 사실이다. 이는 프로그래밍에서 '0'과 '1'의 차이이기도 하다. 다시 말해, 인간의 오류에서인지 아니면 선천적이든 후천적이든 나처럼 기질적으로 반대 성향을 보이는 사람에게 나타나는 양상인지는 알 수는 없지만, 늘 남들과 다른 시선으로 세상을 바라보는 사람들이 있다. 나는 이들이 게으른 바보라고 생각한다. 대신 세상을 바꾸는 상위 0.01%라고 믿는다.

이런 내 말에 "치열하게 살아도 모자란 이 시대에 게으름으로 어떻게 세상을 바꾼다는 말인가?"라는 반문을 할 수도 있겠다. 그럼 나는 이렇게 말해주려 한다. "이 세상에서 가장 빠르게 목적지까지 도착하는 방법은 가장 느리게 걷는 겁니다."라고. 그리고 이 지혜는 어린 시절 할머니가 해줬던 "아픈 건 잠깐이야. 그러니까 걱정 안 해도 돼."라는 말에서 비롯됐다고 장담한다. 그러니 당신도 어떤 상황에서든 자신을 지켜내게 하는 문장을 찾아보길 바란다.

어떤 어려움이나 좋지 않은 상황도
시간이 지나면 변하기 마련이다.
우리에게 필요한 건
긍정의 마음으로
시간이 흐르게 두는 태도다.

05

전문가에게
레버리지하라

비행기만 타면 웬만한 나라는 하루 만에 갈 수 있는 세상이다. 또 하드웨어와 소프트웨어의 무한한 확장으로 아무리 멀리 떨어져 있어도 실시간으로 대화하며, 소통이 가능하다. 코로나19가 터진 직후에는 사회적 거리두기 방침으로 직접 대면은 어려워졌으나, 온라인 네트워크와 관련한 사업이 활성화되어 그 불편을 해소해 주었다. 특히 ZOOM은 일상에 자연스럽게 스며들어 없어서는 안 될 플랫폼으로 자리 잡았다.

내가 하고 싶은 이야기는 다채로워진 서비스로 인해 더

는 내가 직접 나서서 해야 할 일이 점점 줄어들고 있는 현실이다. 예를 들어, 과일 장사를 한다고 해보자. 상품은 전문 MD가 선정하고, 전문 도매 업체에서 신선한 과일을 납품받고, 결제는 온라인 결제 시스템을 구축하고, 세금 관련은 회계사나 세무사에게 맡기면 그만이다. 한마디로 과일 장사를 한다고 해서 사과를 잘 고르는 법을 배울 게 아니라, 운영과 관련해 검증된 전문가나 시스템을 찾는 눈과 그것들을 하나로 이을 수 있는 실력을 키워야 한다는 뜻이다. 여기에 리스크 탐지 능력까지 있으면 금상첨화다. 다른 예로, 경쟁 업체와 상표권 분쟁이 일어났다고 가정해 보자. 어느 세월에 법률 지식을 익혀서 나를 변호할 것인가. 그저 나를 잘 대변해 줄 변호사를 찾아서 의뢰하면 된다.

같은 맥락에서 부자가 되고 싶다면, 부자와 가까이 지내면서 간접 체험을 하거나 그들의 사고방식을 파악해야 한다. 그래야 나에게 맞는 부의 습득 방식으로 전환할 수 있다. 그런데 주변에 부의 전문가가 아닌 가난 전문가만 있다면 도저히 부를 이룰 수 있는 레버리지가 나오지 않는다.

또 '나는 건어물 가게를 운영하니 경제 지식이 굳이 필요할까?', '우리 동네는 유동 인구가 많아서 굳이 온라인 마케팅을 하지 않아도 돼.'와 같은 고정관념을 안고 있다면, 그 가게는 평생 그 자리에서 벗어나지 못할 것이다. 즉, 어떤 분야든 잘하는 사람에게 배워서 나의 가치를 끌어올리는 레버리지를 활용하지 못하는 이상, 내가 쌓아 올린 지식과 정보와 기술의 합으로는 현시점에서 다른 이들을 앞지르거나 우위를 선점하기 어렵다는 의미다.

아주 중요한 내용이니 새겨들어라. 사고를 확장하지 않으면, 절대로 지금의 내 모습에서 큰 변화가 일어나지 않는다. 내가 추천하는 방식은 생각지도 못한 업종의 전문가들과 협업하는 거다. 그 시도만으로도 당신의 사업에 날개가 달리지 않을까 한다.

일을 할 때 생각과 대처가 유연하면
새로움을 받아들일 준비가 됐다는 뜻이며,
어떤 어려움도 헤쳐 나갈 수 있다는 의미다.

06

선점하려면
빠르게 피드백하라

성격이 급하건 느긋하건 상대방에게 빠른 응답을 받고 싶은 욕구는 누구에게나 있다. 이에 따라 콜택시를 호출했을 때 배정받은 차량의 위치가 어디인지, 배달 앱으로 주문했을 때 언제쯤 음식을 받을 수 있는지 정보를 공유하는 피드백에 따라 고객은 안정감을 느끼고, 더 나아가 신뢰를 갖는다.

온라인 세계에서도 마찬가지다. 게임을 좋아하는 대한민국 남성이라면 FPS 게임을 알고 있을 것이다. 여기서 가장 중요한 요소는 명중률도 생존율도 아니다. 게임 접속 환경

즉, 응답 속도가 얼마나 빠른가다. 내가 아무리 탁월한 컨트롤 능력을 갖추고 있다고 한들 상대보다 늦은 네트워크 반응 속도로는 절대로 우위에 설 수 없다.

한편, 빚만 있고, 집은 잘살아 본 적도 없고, 살면서 누군가에게 잘생겼다는 말은 어머니 친구들에게 들은 게 고작이었던 20대 후반의 나의 유일한 장점은 눈치가 빠르다는 거였다. 아마도 대가족 사이에 태어난 데다 불우했던 가족사로 인해 홀로 서야 했던 어린 시절의 환경에서 자리 잡힌 습성이 아닐까 한다.

솔직히 눈치를 보는 일은 빠른 두뇌 회전으로 미래 예측까지 해야 하니 꽤 많은 에너지를 필요로 한다. 그래도 시뮬레이션을 해봄으로써 최악의 상황을 피하는 요령과 여기에서 말하고자 하는 빠른 피드백이 삶의 무기가 된다는 사실을 알게 해줬다.

'장고 끝에 악수 둔다.'라는 속담이 있다. 이는 쓸데없이 오래 고민하여 좋지 않은 결과를 불러일으킨다는 의미로, 나는 이를 이왕 할 거라면 빠르게 행동으로 옮기라는 뜻으로 해석한다. 피드백도 마찬가지다. 아니, 모든 피드백은 빠르면 빠를수록 좋다는 쪽에 가깝다. 이에 따른 내가 생각하는 피드백 수식을 아래에 정리해 봤다. 그리고 나는 늘 이 기준에 따라 움직이며, 현재 내가 취하고 있는 생각, 행동, 결정에 대한 시간의 속도와 방향 등을 고려하여 올바른가, 그렇지 않은가를 판단함을 밝히는 바다.

느린 생각 = 나쁨 / 느리지만 많은 생각 = 좋음

빠른 생각 = 좋음 / 빠르지만 짧은 생각 = 나쁨

느린 행동 = 나쁨 / 느리지만 꾸준한 행동 = 좋음

빠른 행동 = 좋음 / 빠르지만 포기하는 행동 = 나쁨

느린 결정 = 나쁨 / 느리지만 충분한 시뮬레이션으로 한 결정 = 좋음

빠른 결정 = 좋음 / 빠르지만 시뮬레이션이 없는 결정 = 나쁨

이 같은 수식이 도출되지 않아도 좋다. 다만, 당신의 인생을 바꾸어 놓았던 결정적인 사건 몇 가지를 적어 봐라. 그러면 대략의 인생 기본 틀이 눈에 보인다. 이제부터 그것을 바탕으로 빠른 피드백을 하다 보면, 언제 어디서든 인정받는 희열을 넘어서 환희를 외치는 날이 오고야 만다. 당연히 내 속도에 맞는 완급 조절은 필수다.

이 과정에서 실수해도 괜찮다. 군중은 당신의 실패가 아닌 성공만을 기억하기에. 참고로 통산 파이널 MVP 역대 1위, 통산 득점왕 역대 1위, 단일 파이널 필드 골 역대 1위, NBA 역사상 첫 200스틸, 100블록 성공, 플레이오프 단일 경기 최다 득점 등의 기록을 남긴 마이클 조던도 성공했던 횟수보다 결정적인 실패가 더 많았지만, 여전히 그는 많은

사람에게 우상이다. 그런데도 당신 눈에 실패한 순간밖에 보이지 않는 이유는 아직 임계점에 도달하지 않았기 때문이다. 그러니 할지 말지 고민하는 시간에 수많은 실패 사이에서 작은 성공을 맛보며, 빠른 피드백으로 앞으로 나아가기를 바란다.

옳다, 아니다라는
선택을 하는 사람이 아닌
다음 단계로 넘어가는
피드백을 할 줄 아는 사람이
성공하는 법이다.

07

첫인상을 방치하지 마라

상대방에게 어떤 사람으로 비추어 질지를 고민한다.

상대방이 나를 싫어할까 늘 초조한 편이다.

상대방에게 연락이 오지 않을 때 불안하다.

상대방이 없으면 나는 무너질 것 같다는 생각이 든다.

혹시 위와 같은 고민을 한 적이 있는가? 만일 이와 같은 생각을 하게 만드는 대상이 있다면, 관계에 있어서 당신이 손해를 보는 입장일 가능성이 높다. 상대방이 사회적 지위가 높거나 도움을 줄 수 있는 사람이라고 하더라도 관계를 재정립해야 할 상황이다. 왜냐하면 나의 자존감이 상승 또는 유지되기 어려운 관계가 될 게 불을 보듯 뻔하기 때문이다.

그렇다면 불편한 관계가 되기 전에 예방할 방법은 없을까? 있다. 바로 첫인상을 관리하는 거다. 사람의 첫인상은 3초 이내에 결정된다고 하는데, 첫인상이 미치는 효과를 초두효과, 그 반대의 개념은 최신효과라고 부른다. 만일 한 대상에게 두 효과가 모두 작용한다면, 전자 쪽이 우세하다고 한다. 그만큼 첫인상은 강력한 영향을 미치고, 남녀 사이에서뿐만 아니라 모든 관계에 적용되므로 언제나 나 자신을 가꾸면서 교류할 필요가 있다. 그래야 본인도 상대방을 볼 수 있는 눈이 생긴다.

한편, 최근 인간의 집중력은 과거에 비해서 엄청난 퇴보를 겪는 중이라고 한다. 두 아이를 키우는 아빠의 입장으로 매우 걱정스럽다. 설명을 조금 덧붙이자면, 현재 우리 인간의 평균 집중 시간은 8초가량으로 금붕어보다도 짧다고 한다. 과거 12초에 비해서 현저하게 줄어들었으며, 이대로 가다가는 7초대 이내로 들어설 수 있다는 무서운 경고를 담은 실험 결과를 택시를 타고 이동하면서 듣게 됐다.

어디서부터 잘못된 것일까? 여기에 대한 답을 얻기 위해 시간을 거슬러 내가 초등학생이었던 시절로 가본다. 나는 초등학교에 입학하기 전에 이미 컴퓨터를 접했다. 그 당시에 극히 드물었던 초 얼리 어답터였던 셈이다. 그로 인해 컴퓨팅과 모뎀 세계에 눈을 뜨게 됐고, 서로 정보를 교류하는 시대가 오리라고 예상했다. 그런데 정말 그런 세상이 왔고, 많은 사람이 직접 만나거나 대화를 나누지 않아도 누군가가 남겨놓은 발자취나 흔적을 따라 갈 수 있게 됐다.

나는 개인적으로 이러한 웹 세상에서 초두효과가 큰 힘을 발휘한다고 생각한다. 잠시 스치는 화면 속에서 호불호가 나뉘니 말이다. 더욱이 틱톡, 숏츠, 릴스 등 짧은 영상이

끊임없이 노출됨에 따라 15초짜리 TV 속 광고 영상도 길게 느껴질 정도다. 그만큼 우리는 퇴화되어 가고 있다.

여기서 기회를 잡을 수 있는 조건은 첫인상이다. 만남에 있어서 가장 중요한 부분이 첫인상이듯 직접 대면하지는 않더라도 찰나의 순간에 상대방의 시선을 사로잡는 힘을 기르는 것이다. 스스로를 가꾸어라. 변화해라. 주변이 바뀐다. 대우가 달라짐을 느끼게 될 것이다. 안 된다고, 못한다고 단정 지으며, 첫인상을 그대로 방치하지 마라. 이는 오프라인에서도 그대로 힘을 발휘한다.

궁금증을 유발해라.
그런 다음 당신의 이야기를 해라.
이 두 가지만 지키면
상대방의 마음을 얻을 수 있다.

08

비교와 훈수를 경계하라

나에게 목표를 묻는 사람이 많다. 그때마다 나는 "죽을 때까지 2조를 버는 겁니다. 지금까지 받은 급여가 1%쯤 되니 달성할 수 있지 않을까요?"라고 답한다. 그러면 "너무 허황된 꿈 아니에요? 불가능할 것 같은데요."와 "대표님은 무조건 해내실 것 같아요." 딱 두 부류의 반응으로 나뉜다. 너무 뚜렷해서 재미있을 정도다.

그런데 누군가 나에게 목표를 물어보는 이유는 무엇일까? 인간의 가장 원초적인 습성에 기인해서 생각해 보면, 명쾌한 답이 나온다. 나는 아래의 3가지 욕구에서 비롯한다고 정의한다.

첫째, 모방이다. 자신이 아직 목표 설정을 못했거나 부족하다는 판단이 들었을 때, 상대방의 목표를 물어봄으로써 따라 하거나 수정하려는 의도다. 이는 앞에서 언급한 스스로 나태와 게으름의 지옥으로 몰고 가는 소 같은 사람의 자세이니 경계를 요한다.

둘째, 비교다. 우리는 누구나 주변 모든 사람과 비교를 하기 마련이다. 이게 나쁜 건 아니다. 비교는 선택이 아닌 필수로 일어나는 인간의 본성일 뿐이니까. 하지만 나는 개인적으로 현대인은 본성을 억제함으로써 한 단계 발전한 하이퍼사피엔스라고 생각한다. 다시 말해, 적어도 "저 사람 목표가 이거래. 나도 그렇게 바꿀래."와 같은 말은 하지 않아야 한다. 비교는 나 자신을 낮추는 멍청한 짓이므로.

셋째, 훈수다. 바둑, 게임, 축구, 야구 등 모든 경기에는 훈수가 빠지지 않는다. 야구경기장에서나 국가대표 축구 경기를 보면서 "공을 그렇게밖에 못 치냐?", "내가 뛰어도 너보다는 낫겠다."며 화내는 사람이 꼭 있다. 전형적인 꼰대 마인드의 훈수꾼이다. 이런 본성은 PC방에서 어른들이 게임하는 걸 지켜보는 초등학생들에게서도 나타나니 참 안타깝다.

분명한 건 부자들은 상대방에게 훈수를 두는 걸 극도로 경계하는 경향이 있다는 사실이다. 아무리 잘난 사람도 비교당하면 존재감이 낮아진다는 걸 알고 있어서다. 그러므로 누군가와 목표와 관련한 이야기를 나눌 때는 본인이 정한 목표만 당당하게 밝혀라. 그게 크든 작든 중요하지 않다. 그저 비교 또는 훈수를 두지 못하도록 틈을 주지 마라. 내 꿈은 내가 이루는 것이고, 제3자의 이러쿵저러쿵하는 말에 휘둘릴 대상은 아니므로.

내가 가는 길이 옳고,
할 수 있을 거라는 믿음이 있다면,
거기에만 집중하면 된다.
결국 배불리 먹는 사람은 나 자신이다.

09

번아웃을 극복하는 법

번아웃은 언제 찾아올까? 개인적인 경험과 주변 사람들을 살펴본 바에 의하면, 급하게 무언가를 이루려고 하거나 신체적·정신적 에너지가 한도를 초과할 때가 아닌가 한다.

앞서 말했듯 나는 A형간염으로 직장을 그만두면서 좋아했던 일도 손에서 놔야 했다. 이때 체력이 급격히 떨어진 탓인지 정확히 알 수는 없지만 번아웃이 자주 찾아왔다. 열정으로 타올랐다가 이내 불꽃이 사그라들기 일쑤였다.

하룻밤, 300억을 포기한 남자

나 스스로도 이런 내가 싫어 그 이유를 찾기 위해 수없이 질문했다. "누구보다 인생을 뜨겁게 살고, 매 순간 진심을 다해 사람을 대하고, 일하는데, 왜 내가 바라는 결과가 찾아오지 않는 거지?" 하고 말이다. 그러던 중 숱하게 읽은 책 중에서 나의 반복되는 번아웃을 극복하게 하는 문장이 스쳤다. 내 기억이 맞는다면 안중근 의사가 남긴 명언이었다.

"자기 자신을 보배처럼 사랑해라."

그랬다. 나는 내 자신을 제대로 사랑해 본 적이 없었다. 그보다 방치와 그러려니 하면서 홀대했던 쪽에 가깝다. 나는 나를 가장 잘 이해하는 주체라고 확신하면서.

사실 내게 찾아오는 번아웃의 주요 원인은 기대했던 이상과 다른 현실에서 오는 공허함과 괴리감 때문이었다. 이는 회사 또는 직장 상사들을 탓할 게 아니라 내 마음을 관리 못한 나를 탓할 문제였다. 그렇다고 내가 못났다거나 좌절할 필요도 없었는데, 스스로 너무 나무라기만 했다. 결국 번아웃은 마음의 문제이지 정신력의 문제가 아님을 깨달았다.

한편, 군대에 다녀온 남자들이라면 "훈련이 많은 부대에 가면 내무 생활이 편해.", "전방은 훈련은 없는데 못살게 구는 선임이 많아서 내무 생활이 힘들어."라는 말을 한번쯤은 들어봤을 테다. 여기에는 단지 어느 곳이 더 좋고 나쁘고를 떠나서 인간은 내 몸이 힘들면 다른 데 눈길을 줄 틈이 없다는 뜻이 담겨 있다. 아마도 내 몸을 먼저 회복시키고, 안정시키는 데 온몸의 세포가 집중하느라 그 무엇에도 신경 쓸 겨를이 없을 것이다.

그리고 신체의 한 부분이 아프면 병원에 가서 진료를 받고, 처방전에 의해 약물 복용 또는 수술로 병을 낫게 할 수 있다. 반면, 마음의 병은 치료할 곳이 없다. 마음은 누가 치료해 줄 수 있는 문제가 아니다. 타인에게 털어놓고 잠시

후련한 기분이 들지는 모르겠으나, 궁극적인 치료가 되기는 어렵다. 마음을 병들게 하는 주체가 나여서 그렇다.

물론 이별, 퇴사, 가족으로부터 들은 속상한 말 그 외의 외부 영향으로 상처를 받아 마음의 병을 얻을 수는 있다. 그런데 그 동굴 속으로 들어가는 것도 내가 하는 거다. 그러니 만일 마음이 힘든 순간이 찾아왔다면, 세상이 무너진 듯한 느낌이라면, 당장 일어나서 몸을 혹사시킬 것을 강력하게 권한다. 부정적인 생각이 당신을 파고들 틈을 주지 말라는 거다. 그렇게 하다 보면 번아웃은 어느새 사라져 있을 테다. 결국 내 마음을 치료해 줄 사람은 오직 나뿐이다.

나의 말투가 존중을 불러오고,

나의 자신감이 신뢰를 불러온다.

성공하고 싶다면,

자신을 대하는 태도부터 점검하는 게 우선이다.

PART 4

더 큰 도약을 위해
갖춰야 할 자세

01

지친 순간이 진짜 기회다

과거 PC도 휴대폰도 없던 시절에는 조금만 노력하면 잘살 수 있었다. 그래서 지금의 3040세대 부모님 대부분이 무조건 열심히 공부하라고 한 게 아닐까 한다. 그런데 시대가 변해도 너무 많이 변했다. 요즘엔 어지간히 똑똑한 사람이 아닌 이상 그저 열심히 한다고 성공이 보장되지는 않는다. 언제 어디서든지 정보를 얻을 수 있는 환경이 된 탓에.

그래서 개인적으로는 '덕질'과 '인내'가 성공으로 이끌어 준다고 본다. 업종마다 다를 수 있지만, 한 가지 분야에 몰

입하거나 꿋꿋이 버텨낸 사람이 결국 빛을 발하는 모습을 많이 봐왔기에 하는 말이다. 그리고 그중 대다수가 고비가 왔다 싶을 때 기회를 만났다고 고백했다. 나는 여기서 자신이 목표한 바를 끈기 있게 이행한 20%의 사람이 세상의 80% 기회를 잡는 파레토 법칙을 발견했다.

나는 그 대표적인 인물로 테슬라의 CEO 일론 머스크를 꼽는다. 일론 머스크가 스페이스X 프로젝트를 실현할 거라고 공표했을 때, 많은 사람이 멸시와 조롱을 보냈다. 그리고 발사 실패를 할 때마다 주변의 비아냥거림을 감당해야 했다. 그러나 그는 포기하지 않았고, 강한 집념으로 실험을 거듭한 끝에 자신을 우주시대 제왕으로 만들었다. 왜 그라고 손 놓고 싶지 않았겠는가. 그럼에도 끝까지 달린 덕분에 기회를 잡았다.

나도 그랬다. 정확히 12,000명이 근무하는 영업 회사에 꼴찌로 입사해서 퇴사하기 직전에는 연봉 1등을 달성했다.

본부장 MVP 수상

그 과정에서 연도대상 수상, MVP 수상, 연도대상 수상자 최다 인원 배출 지점 등의 기록도 세웠다. 그 순간순간으로 돌아가 보면 지쳐도 포기하지 않고, 묵묵히 해야 할 일을 하고 있는 내가 있다. 결국 포기하지 않음으로 경쟁 상대를 이겼고, 성공의 치트키와 같은 인내력을 길러 성공에 도달한 것이나 다름없다고 할 수 있다.

한편, 최근 들어 '자동화', '수익화'와 같은 표현을 많이 쓴다. 미안하지만 큰 성과를 내본 사람들은 절대로 자기 인생을 비롯해 자신의 강점이나 가치관을 이런 가벼운 단어에 담아내지 않는다. 일론 머스크도 빌 게이츠도 마크 저커버그도 부를 축적했다고 해서 자동화 또는 수익화를 운운하며, 여유 부리지 않는 것만 봐도 알 수 있다. 그렇다고 이런 방법을 알려주는 사람들을 비하하는 건 아니니 오해 없길 바란다.

내가 생각하는 진짜 성공은 돈을 많이 버는 게 아니다. 진짜 성공은 힘든 상황을 피하거나 외면하지 않고, 마주하며 극복했을 때 완성된다고 생각한다. 이런 관점에서 주변을 돌아보면 위기가 닥쳤을 때 쉽게 단념하는 사람이 참 많다. 그런데 이것만 명심하면 좋겠다. 정말 힘들다면, 목표한 지점이 코앞에 와 있다는 증거라는 걸. 그리고 이 시기를 넘어야 더 큰 성장과 기회를 잡을 수 있음을.

정말 힘들다면,
다른 사람들도 똑같이 힘들다.
조금만 참고 더 해봐라.
달콤한 성공의 맛을 볼 것이다.

02

두려움과 맞서야
길이 보인다

2009년 2월부터 영업 세계에 뛰어든 나는 2022년, 회사 직원 1만 명 중에서 연봉 1등을 달성했다. 그리고 그해에 나는 퇴사를 했다. 퇴사할 무렵 최근 2년 동안 벌어들인 수입만 놓고 보면, 20년 동안 근무할 경우 300억을 보장받을 수 있다는 계산이 나왔다. 그런데 나는 그걸 포기했다.

돌이켜보면 나는 언제나 유별난 사람이었다. 일을 시작할 때부터 다른 사람들과 다른 길을 걷겠다고 공표하고, 내가 잘할 수 있는 일에 최대한 몰두했다. 나보다 늦게 출발한 사람이 먼저 승진하거나 소득이 높으면 흔들리기도 했지만, 그때마다 마음을 다잡고 "남들이 하라는 건 안 하고 싶다. 남들이 안 된다고 하는 건 하고 싶다."며 내가 추구하는 가치가 빛날 날을 기다렸다. 한마디로 나만의 세계에 빠져 있었다.

하지만 모든 사람이 정해진 길로만 살아왔다면? 우리 일상을 바꾸어준 비행기, 자동차, 컴퓨터, 휴대폰 등을 만날 수 있었을까? 아마도 여전히 마차를 타고 다니고, 급한 연락도 편지로 주고받고 있지 않을까 한다. 즉, 세상의 모든 위대한 업적과 발전의 순간은 남들과 다르게 걷고, 다르게 생각하는 '괴짜 사고력'에서 비롯했다.

그렇다고 내가 위대한 업적을 남겼다는 건 아니다. 대신 300억이라는 결코 적지 않은 금액을 내려놓으면서 모험을 하기로 결단한 내가 결코 정상은 아니다 싶다. 물론 섣불리 선택한 건 아니다. 회사 내에서 연봉 1등을 하겠다는 목표를 달성하고, 등락을 반복할 때, 스스로 다음과 같은 질문을 수없이 했다. '나는 여기서 언제까지 일할 수 있을까?', '내가 새로운 시작을 할 수 있을까?', '이미 이루어놓은 게 많은데 굳이 위험을 부담할 필요가 있을까?'

그러자 '난 원래 가진 게 없었잖아.', '지금의 성과도 동료들 덕분이었잖아.', '동료들도 더 좋은 곳으로 하나둘 떠나고 있잖아.' 등의 현실 점검을 하게 되면서 '올라갈 수 있는 만큼 올라가 봤으니 나다운 결말을 만들어보자.'는 결심이 섰다. 그렇게 내 가족을 위해 내가 해보고 싶었던 일을 하며, 가난 전쟁을 끝낼 최종 무대로 들어서기로 했다.

회사에 퇴사 의사를 전하고 나니 함께 일했던 직원들에게 미안했다. 그중 일부는 회사에 남았고, 몇몇은 나와 함께 나왔다. 다행이라고 해야 할지는 모르겠지만, 너무 많은 일이 일어나면서 역경을 이겨내는 중이라 퇴사 전후로 느낀 소소한 감정은 잘 떠오르지 않는다.

한편, 만일 내가 자리의 변화를 주지 않았다면 어땠을지 이 글을 쓰면서 생각해 본다. 아마도 10년 후에도 회사 연봉 1등 경험을 술안주로 삼고, 여가 활동으로 골프를 치러 다니지 않았을까? 그런 삶이 잘못됐다는 건 아니지만 내 가치관과는 전혀 맞지 않는다. 당연히 넘어야 할 산이 앞을 가로막고 있으면 '퇴사를 하지 않았더라면 생기지 않았을 상황이었을까?'라는 물음이 생긴다. 그러나 쉽게 답을 내릴 수 없다. 각자의 현실이 다르고, 그에 맞게 살아갈 뿐인데, 누가 더 힘들고, 덜 힘들다고 감히 판단할 수 없으니까.

다만, 한 가지 확실한 건 퇴사가 매너리즘에 빠진 나를 일으키는 원동력이 됐다는 사실이다. 그로 인해 나는 매일 설렘 가득한 시간으로 꽉꽉 채우고 있다. 또 몸도 마음도 많이 바뀌었다. 바디프로필 촬영을 목표로 시작했던 식단 관리로 2년째 체지방 15%를 유지하고 있으며, 회사원일 때는 엄두도 내지 못했던 자기 관리를 하면서 가족에게도 충실히 하고 있다.

이루고 싶다면 떠나야 한다. 예를 들어, 편의점 아르바이트생은 일을 그만두지 않는 이상 편의점 사장보다 돈을 많이 벌 수 없다. 이걸 이해하고, 다른 일을 찾는 순간 새로운 기회가 생겨난다. 거기서 오는 두려움은 본인이 감당해야 할 몫이다. 그것을 이겨냈을 때 진정한 내 것이 되는 법이다.

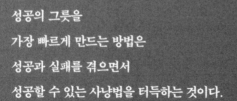

성공의 그릇을
가장 빠르게 만드는 방법은
성공과 실패를 겪으면서
성공할 수 있는 사냥법을 터득하는 것이다.

03

하기 싫은 일이
변화를 이끈다

최근 '알파메일(alpha male)'이라는 표현이 자주 눈에 뜬다. 이는 동물 무리 가운데 가장 높은 서열의 수컷 개체를 일컫는 말이다. 사람으로 치면, 꾸준한 운동과 피부 관리 그리고 스타일링은 물론 스마트함까지 갖춘 남자가 봐도 멋진 남성들이 아닐까 한다.

그에 반해 나는 몇 년 전까지 근육은 고사하고, 배까지 불룩 나온 전형적인 K-뚱뚱보 아저씨로 살았다. 그 사람의 식습관은 몸매에 나타난다 했던가. 워낙 먹는 걸 좋아하고, 술까지 즐기니 당연한 모습이었다.

그러던 어느 날, 한 후배의 조언을 듣고, 평범한 중년이 되기를 거부했다. 2년 동안 운동과 식단 조절을 병행하면서 바디프로필 촬영을 하고, 지금까지 체지방률 15%를 유지하고 있다. 그뿐만 아니라 처지는 눈꺼풀과 비염을 해결하고자 이번 생에 결코 하지 않을 줄 알았던

평범한 중년이 되기를 거부하고
도전한 바디프로필 촬영

눈과 코 성형수술을 하고, 발음 교정과 더불어 어눌한 목소리를 바꾸기 위해 아침마다 5분씩 복식 호흡과 발성 연습을 한다. 때로는 피부과에 방문해 관리를 받기도 한다.

이 모두 시간과 돈이 많아서 하는 게 아니다. 오히려 시간도 돈도 더 많았던 때는 할 생각조차 하지 못했다. 다만 "남들이 두려워서 포기하거나 하지 못하는 걸 이미 형님은

해냈어요. 그러니 더 나빠질 건 없어요."라는 후배의 격려에 변화하기로 마음먹고, 행동으로 옮겼을 뿐이다. 덕분에 현재 나는 전에 없던 자신감을 갖게 됐고, 매일 조금씩 성장하는 내 모습에 꽤 만족스럽다. 또 가족과의 관계도 더 좋아져 그 어느 때보다 행복하다.

이러한 이유로 나는 내게 조언해 준 후배를 스승으로 모시고 있다. 나이가 많고 적음을 떠나서 내가 알지 못했던 부분을 알려주고, 더 나은 길로 인도해 준다면, 스승으로 받아들이지 못할 이유가 없다.

한편, 나는 점차 변화하는 모습을 통해 행복의 참맛을 알게 되면서 깨달은 게 있다. 그 내용을 정리하자면 아래 두 문장으로 요약할 수 있을 듯하다.

"행복이 돈이라면 아마도 평생 찾아오지 않을 것이다."

"행복이 건강이라면 아마도 언젠간 슬퍼질 날이 찾아올 것이다."

대신 고통을 극복하는 게 행복이라면, 지금 이 순간 마주한 문제를 해결하기 위해 노력하는 것만으로도 행복의 기운이 깃들 게 틀림없다. 이유인즉, 문제를 해결하려면 싫어하는 일도 해야 하고, 그 과정에서 희열을 맛보게 될 것이므로. 한마디로 하기 싫은 일을 해내면 엄청난 보상과 기회가 주어진다.

어머니는 나에게 이런 말을 자주 했다. "언젠가 부자가 될 거야.", "언젠가 잘살게 될 거야.", "언젠가 행복해질 거야." 그때마다 나는 우리 집 형편이 전혀 그럴 상황이 아닌데 왜 그렇게 말하는지 이해가 되지 않았다. 그리고 집을 떠나고 나서야 알았다. 만나는 사람을 바꾸고, 하는 일을 바꾸고, 습관을 바꾸고, 생각을 바꾸어야 나아진 삶을 살 수 있음을. 다시 말해, 어머니에게는 미안하지만 말만으로는 절대 변화가 일어나지 않는다. 확언의 힘이 놀랍다고 할지라도 행동이 동반되지 않으면 그저 스치는 바람에 지나지 않는다.

전혀 생각지도 못한 시점에 내 몸에 칼을 대고, 자기 계발을 시작한 것도 같은 맥락이다. 오늘이 즐겁지도 행복하지도 않은데 무슨 수로 내일이 행복해질 수 있을까 싶었던 내가 낼 수 있는 최대한의 용기였다. 꺼려졌던 그 일에 도전한 결과, 몸도 마음도 더 젊고 건강해져 일상이 풍요로워졌다. 그러니 당신도 당신이 안고 있는 문제를 해결할 수 있는 일에 도전장을 내밀어봐라. 의외로 예상했던 것보다 쉬울 수 있고, 하기 싫었던 일이 기쁨으로 바뀌게 될 수도 있다.

하룻밤, 300억을 포기한 남자

지금 이 순간을
최고로 만드는 비법은
돈도 명예도 아닌
문제를 극복하며,
현재를 즐기는 자세다.

04

워라밸을 위해 전쟁하라

많은 사람이 일과 일상의 균형을 바라며 '워라밸'을 외친다. 심지어 워라밸이 보장되지 않는 회사에서는 높은 급여에도 직원 채용이 힘들 정도다. 그런데 나는 이런 워라밸을 조금 다르게 해석해 본다. "전쟁(war)에서 이기지 못하면 나를 포함한 모든 주변 관계는 물론 살아(live)가지 못할 만큼 어려운 상황에 놓이기 마련이므로 전쟁과 현실을 구분하는 균형(balance)을 가져야 한다."가 바로 그것이다.

그렇다면 여기서 강대국이 전쟁을 하는 이유를 생각해

볼 필요가 있다. 그들이 전쟁을 하는 이유는 무엇인가? 분명한 사실은 전쟁에서 이기면 부유국이 된다는 거다. 반대로 패전하면 상대방의 속국이 되거나 경제적 식민지가 돼야 한다. 자존심을 버리고, 강대국에게 무릎을 꿇는다고 해도 자칫 잘못하면 경제 보복을 당하거나 무역사회에서 고립되기 십상이다. 다시 말해, 패전국에는 자유가 있을 수도 없고, 긍휼히 여겨줄 곳도 없다. 누군가에게 들었던 "패자에게는 천국으로 가는 문이 열리지 않는다."라는 말이 결코 허튼 소리가 아니다.

가난도 마찬가지다. 가난을 받아들이는 순간 패전국이 되어버린다. 그래서 나는 내가 하지 않은 선택으로 겪어야 하는 가난에서 누구보다 벗어나고 싶었다. 패전국과도 같은 달동네를 탈출하고 싶었다. 그럼에도 어린 내가 할 수 있는 게 없어서 가난으로 인해 받은 유년기의 상처는 지금도 남아있고, 죽을 때까지 완전히 잊기는 어렵지 않을까 한다.

그래도 나는 해냈다. 시간이 제법 걸렸지만, 패전국 시민의 자리를 박차고 나왔다. 가난으로부터 벗어나기 위해 집을 떠났고, 부모님과 헤어졌으며, 친구들을 만나지 않았고, 연애를 하지 않았다. 한마디로 가진 전부를 버려야 했다. 가난을 짊어진 죄로 가진 게 없었던 나임에도 불구하고, 그마저도 가지지 말아야 함을 그렇게 배웠다. 이로써 "벗어나라. 어디든 좋다." 이 두 마디가 나의 가치관이 됐다. 더불어 가난한 패전국의 시민이 되는 건 스스로 내 삶에 안주하고, 방관한 결과라는 걸 깨달았다.

혹 가난을 벗어나고 싶다면서 전쟁 치르기를 주저하고 있는가? 될 대로 되라는 마음으로 타인의 도움을 구걸하고 있는가? 그렇다면 당장 그만두어라. 경제 주체는 나 자신이지 제3자가 아니다. 내 가난을 가엽게 여기고, 해결해 줄 이는 없다는 말이다. 설령 도움을 받는다고 해도 결국 그 이상으로 되갚아야 하는 게 세상 이치다.

그러니 가난한 마인드, 행동 모두 버려라. 그런 다음 머물고 있는 곳에서 이동해라. 나는 이동을 손해라고 생각하지 않는다. 오히려 변화할 수 있는 계기라고 믿는다. 환경이 변한다고 해서 무조건 성공하거나 부자가 되는 건 아니지만, 단지 사는 곳만 바꾸었을 뿐인데 직장, 월급, 만나는 사람 등 모든 게 뒤바뀐 나처럼 말이다. 같은 의미로 내가 가난을 떨쳐버리기 위해 가진 것을 손에 쥐고 놓지 않고, 여전히 달동네에 살고 있다면, 성공하겠다는 마음을 먹는다고 한들 내 사고의 폭은 넓어지지 않았을 테다.

한번 더 강조한다. 누구도 아닌 나 자신의 가난의 전쟁에서 반드시 이겨서 삶의 밸런스를 맞추어 내기를 진심으로 바란다. 이제 그 정도 가난했으면 충분하다.

결핍은 성공의 원동력이다.
그리고 결핍은
의지로부터 나온다.

05

더 큰 꿈을 위해
지켜야 할 자세

내 수입의 가장 큰 비중은 보험 영업이 차지하고 있다. 또 나를 드러내는 포트폴리오도 그와 관련한 내용이 대부분이다. 28살에 연봉 2,150만 원의 5년 차 프로그래머가 전혀 다른 영업 세계에 입문해 실적 꼴찌에서 42살에 퇴직하면서 잔여 수수료를 포함한 금액이 20억으로 직원 1만 명 중 연봉 1등이라는 기록을 세웠으니 말이다. 이에 따라 5년 이상 성실 신고를 이어 오고 있는 나는 대한민국 근로소득자 1,998만 명 중 상위 0.08%로 공신력 있는 매체에서 인정한 상위 0.1%의 돈을 버는 사람이 됐다.

대한민국 근로소득 상위 0.08% 인증

여기까지만 보면 수입이 많으면 부자인 줄 안다. 그런데 전혀 아니다. 언제나 수입을 늘리기 위해서는 재투자가 필요하고, 나도 사업 영역을 확장하기 위해 큰 비용을 들여 함께 일하는 사람들이 안정적으로 일할 수 있는 환경을 만들려고 노력했다. 여기에는 리스크가 적은 회사를 만들고자 한 목적과 나와 동행하기로 결정한 이들이 높은 수익을 내고, 나도 덩달아 고소득 반열에 오르는 효과를 누리기 위한 목표가 담겨 있었다. 그리고 그걸 어느 정도 이루어 냈다.

그 이후 주변으로부터 이런 말을 많이 들었다. "그 정도 했으면 먹고살 만하잖아? 이제 쉬엄쉬엄해!" 나의 가치관과 현실의 괴리감이 커져서 아주 힘든 시기였다. 코로나19로 위기가 찾아왔지만 기회로 삼고 싶었고, 해낼 수 있을 줄 알았다. 그러나 사업은 뜻대로 흘러가지 않고, 힘이 많이 빠졌다. 그런 상황에서 나에게 긍정적인 에너지를 불어넣어 줄 한마디를 듣는 일은 좀처럼 일어나지 않았다.

한동안 고민이 깊어졌다. 그 와중에 현재 나를 빛나게 해주는 1등도, 연봉 20억도 영원하지 않을 거라는 이성적인 판단을 할 수 있었고, 그 끝에 새로운 도전이라는 결론을 내렸다. 딱 그때 했던 생각을 텍스트로 옮겨보면 '새로운 도전을 해야겠다. 다시 프로그래머를 해도 좋고, 새로운 방식의 회사를 운영해도 좋고, 그 무엇도 좋다. 일단 내가 지금 해야 할 건 실패가 두려워서 몇 년을 전전긍긍하며, 내 자신을 갉아먹는 이 시간에서 벗어나는 거다.'로 정리할 수 있다.

솔직히 퇴사하기 전의 회사에서는 오로지 1등만 바라보고 달렸다. 그렇다 보니 목표를 달성하고 난 후로는 무엇을 해야 할지 몰랐다. 더는 이룰 것도 나아질 것도 없었다. 아니, 더 무너질 일만 남은 듯했다. 이런 트라우마에서 벗어날 최선의 방법은 가진 걸 내려놓는 결단임을 나는 나의 경험을 통해 알고 있었다.

비슷한 예로 아이들은 양손에 먹을 걸 쥐고 있을 때, 다른 새로운 걸 주면 반드시 하나는 버리고 새 것을 잡으려고 한다. 하지만 성인은 양손에 가득 쥐고 있으면서도 새 것까지 차지하려고 한다. 손가락 사이로 기존에 가지고 있던 것이 새어나가는 줄도 모르고. 난 나의 선택으로 그렇게 만들기가 싫어서 힘들었던 순간에도 더 움켜쥐려 하기보다는 가진 걸 내려놓고, 새로운 것을 받아들이려고 노력했다.

만일 지금 이 순간 더 큰 꿈을 꾸고 있거나 더 큰 성공을 이루고 싶다면, 스스로 이렇게 질문해 보면 좋겠다.

"내게 가장 소중한 걸 버릴 수 있어?"

"버리고 나서 후회 하지 않을 자신 있어?"

"버린 것과 새로운 것을 비교하지 않을 자신 있어?"

여기에 대한 답이 "Yes."라면 도전하고, "No."라면 스스로를 점검하고, 버릴 것과 얻을 것을 명확히 구분하는 작업부터 해라. 집을 청소하지 않으면 쓰레기장에 가깝듯, 버릴 것이 많은데 정리하기도 전에 새로운 것을 받아들이면, 목표를 향해 나아가는 데 있어서 분명 걸림돌이 된다. 그리고 이 선별은 누가 대신 해줄 수 있는 게 아니니 반드시 검열해서 더 큰 꿈을 펼치기를 바란다.

열심히 살고 있는데
자신이 불행하다고 느껴진다면,
내려놓는 연습을 할 때다.

06

10배 더 노력하고
느리게 성공해라

그 누구도 나를 무너뜨리지 못할 방법이 있다. 무엇일까? 바로 다른 사람들보다 딱 10배 더 하는 것이다. 그렇게만 한다면 당신만의 확고한 무기가 생긴다. 물론 10배 더 한다고 해서 10배 더 성장하지는 않는다. 아마 처음에는 1.1배가 될까 말까다. 그런데 꾸준히 지속만 한다면 복리의 마법이 그대로 펼쳐진다.

실제로 복리 효과는 초기에는 단리와 그리 큰 차이를 느끼지 못한다. 하지만 시간이 지남에 따라 굴러가는 눈덩이처럼 이자가 불어나는 게 확연히 보인다. 안타까운 사실은 많은 사람이 복리의 힘을 느끼기도 전에 포기한다는 거다. 그런데 인내도 10배 더 한다고 해보자. 가령, 나처럼 2000년 대 초반에 급락한 대기업의 주식을 매수했거나 100원 단위의 비트코인을 구매했거나 서울의 논밭을 사두었다면? 그리고 그것을 지금까지 팔지 않고 있다면? 그다음은 당신의 상상에 맡기겠다.

성향일 수도 있지만 나는 느린 성공을 선호한다. 아니, 아주 좋아한다. 이와 비슷한 이야기를 국민 MC 유재석이 한 적 있다. "가늘고 길게 가고 싶다."가 바로 그것이다. 솔직히 이미 많은 사람에게 사랑받는 그의 입에서 나온 말이라서 살짝 의아했다. 그런데 다시 생각하니 나이가 들어도 꾸준히 활동하고 싶다는 의미로 들렸다. 더불어 빠른 성공보다 오래 지속하는 성장이 더 크고, 많은 성과를 내게 하는 복리마법이라는 생각이 들었다.

한편, 내가 오랫동안 몸담고 있는 영업 세계는 흥망성쇠가 심한 직업군 중 하나다. 말 그대로 성공하는 사람도 많고, 실패하는 사람도 많고, 빛도 보기 전에 중도하차 하는 사람도 많다. 그런 무리 속에서 살아남기 위해 나는 다른 사람들이 퇴근하여 잠자는 시간에 소파에서 겨우 새우잠을 잤고, 돈이 없어서 보증금 100만 원에 10만 원짜리 창문 없는 월세방에서 지내야 할 신세라 한 달에 고작 두 번 12,500원짜리 미니 족발과 맥주 2캔을 먹는 게 유일한 사치일 만큼 더 열심히 일하고, 더 많이 아꼈다. 내가 가진 거라고는 젊음과 시간이었기에 그 자본을 몽땅 투자하며 버텼다.

나의 이런 모습에 마이클 샌델의 저서 《공정하다는 착각》에서 언급한 미국인들이 오랫동안 불평등을 참을 수 있었던 이유가 내게도 내재되어 있었다고 봐도 무방하다. 누구든지 노력하면 부자가 될 수 있다는 희망 말이다. 그런데 이 책에서는 또다시 기회가 평등하면 재능과 노력에 따라서 누구든지 성공할 수 있다는 사람들의 믿음과는 달리, 수

많은 통계에서 능력주의 사회에서 사회적 상승 즉, 계층 이동이 더는 이루어지지 않는다는 진단을 내어놓고 있다는 내용을 밝힌다.

그러나 나는 여기서 반문해 본다. 과연 기회가 평등하게 오는가 하고 말이다. 나는 기회는 언제나 불평등하게 찾아온다고 믿는다. 공평하다면 달동네의 물려받은 것 하나 없는 나에게 닿기도 전에 권력 있는 사람들이 휩쓸어 갔을 테니까.

이런 성향의 기회가 주어졌을 때, 끈기 있는 노력이 더해지면 끝내 꽃을 피우게 되리라고 확신한다. 당연히 10배의 노력은 정확하게 계산하기 어렵다. 그러나 분명한 건 당신이 다른 사람과 비교할 건 재정 상태나 인맥 등 눈에 보이는 물질적인 부분이 아니라 노력의 정도다. 그러면 10배라는 노력에 대한 마지노선을 찾을 수 있다. 또한 노력에 대한 비교는 나 자신을 초라하게 만들기보다 그 기준을 넘어

하룻밤, 300억을 포기한 남자

섰을 때 성취감과 우월감을 선물한다.

한때 내 주변에는 현실에 안주하는 사람이 많았다. 편하고, 그리 부족하지 않은 삶은 타인과 더 자주 비교하게 하고, 본인의 상황과 현실에 대한 부정적 괴리감을 더 많이 안겨줌을 알게 되는 시기였다. 이로써 나는 앞으로 오게 될지도 모르는 매너리즘을 걱정했다. 다행히 어린 시절부터 단련된 고통과 역경을 감내하는 능력이 조금이나마 길러져 있던 터라 어렵지 않게 다시금 고통을 선택할 수 있었지 않았나 싶다.

혹여나 지금 매너리즘에 빠져 있다면, 가장 큰 고통을 선택해보길 권한다. 버티지 못할 만큼 처절한 상황이 찾아오면 내가 할 수 있는 건 오직 절대적인 고통을 이겨내는 것뿐일 테니까. 그리고 안정이라는 저주를 거부하고, 고통이라는 축복을 받아들였을 때 우리는 비로소 성장하고, 더 나은 내일로 나아갈 수 있다.

나의 할 일을 꾸준히 한다는 건
정직하다는 의미이다.
정직함은 반드시 결과를 안겨주고,
통제하는 힘도 길러준다.
통제하는 힘은
모든 부자가 강조하는 능력이다.

07

목표를 멋지게 달성하는
2가지 방법

한번은 인스타그램 DM으로 본인이 살아온 인생 그리고 미래의 계획을 공유해준 팬이 있다. 그 사람에게 의사를 묻지 않고 이 글을 쓰게 되어 자세한 내용을 남길 수는 없지만, 지면을 빌려 아름답고 위대한 여정을 걸어가는 그에게 힘찬 격려를 보낸다.

DM을 받고 솔직히 놀랐다. 치밀하고 열정 가득한 구체적인 계획이 나열되어 있어서 마치 읽는 내내 나의 과거를 보는 듯했다. 그로 인해 조언을 구하는 그에게 오히려 내가 긍정적인 기운을 받았다.

하룻밤, 300억을 포기한 남자

반면, 걱정스럽기도 했다. 놓치고 싶지 않은 목표가 많아지면 욕심이 생기기 마련이고, 그로 인해 평소보다 더 큰 힘을 끌어 씀에 따라 필요 이상의 신체적·감정적 에너지를 소모하여 심신의 방전 상태를 부르기도 하니까. 흔히 말하는 번아웃 되는 것이다.

　그럼 멋지게 목표를 이루려면 어떻게 하면 좋을까? 내가 직접 실천해보고 꽤 효과 있었던 2가지 방법을 이 책을 선택한 당신을 위해 특별히 공개한다.

　첫 번째 방법은 도장 깨기 하듯 목표를 달성해 나가는 거다. 레벨 달성을 하지 못하면 다음 단계로 넘어가지 못하는 게임처럼 인생도 한순간에 이뤄지는 법이 없다. 그러니 작은 목표를 하나하나 이루어가면서 최종 목적지에 다가가라. 그 과정에서 성취감을 느끼면 동기 부여는 덤으로 따라온다.

두 번째 방법은 아주 작은 목표 외의 장기 목표는 지우는 거다. 나에게 있어 미래의 거창한 목표는 주식과 같다. 매수해두면 언젠가는 오를 종목 말이다. 그런데 하루아침에 상한가가 되길 바라며 차트를 들락날락거리면, 에너지 소모만 될 뿐이다. 목표도 마찬가지다. 시간이 필요한 목표를 계속 들여다보게 되면 조급증이 나기 마련이다. 그러한 의미에서 기본 목표를 루틴화한 후, 절대 해낼 수 없을 듯한 목표로 꽉꽉 채워라. 걱정할 필요 없다. 이미 작은 목표를 성취하면서 기초체력을 다져놓았기에 자기 자신을 믿고, 그냥 행동으로 옮기기만 하면 된다. 처음 가졌던 원대한 목표 달성 여부는 시간의 문제일 뿐이다.

여기에 최종 도달 시기를 정하지 말라는 당부를 하고 싶다. 눈을 감기 전까지 끝나지 않는 게 인생이고, 그 순간까지 모두가 결정과 실천의 연속으로 살아가니 목적지만 분명하다면 끝내 도달하게 될 것이므로 기간 내에 완수하지 못했다고 자책하는 상황을 일부러 만들지 말라는 소리다.

입학하던 날 온 가족이 도망가 잊지 못할 중학교

여러 차례 말했지만 우리 가족은 내가 중학교에 입학하던 날 나만 남겨두고 도망갔다. 5년 동안 떨어져 지냈으니 사춘기 시절 내게는 가족이 없었다고 해도 무방하다. 그런 불우한 현실을 비관도 해보고, 울어도 보았지만, 달라지는 건 없었다. 그 와중에 비관하고 울어서 달라질 사정이었다면 우리 가족에게 닥친 불운도 오지 않았을 거라는 깨달음이 일어났다. 그래서 내가 할 수 있는 일을 목표로 삼고, 실천하는 데 집중했다. 그게 '죽지 말고 오늘만 살자.'였다.

만일 그때 더 염세적인 생각에 빠졌다면 끔찍한 결말이 이어졌을 수도 있지만, 사는 게 목표가 되니 현재의 슬픔은 그리 큰 고통이 아니었다. 이처럼 단 하나를 바라보고 실행하다 보면, 다음으로 건너갈 길도 보이고, 그에 도전할 힘도 생기는 법이다. 그걸 삶으로 체험해 본 내가 전한다.

> "일이 힘들면 일 외의 다른 재미를 찾아라.
> 돈이 없어 힘들다면 배움을 찾아라.
> 그 어떤 시련이 괴롭혀도 실천으로 삶을 이어 나가라.
> 당신의 인생은 여기가 끝이 아니다."

하룻밤, 300억을 포기한 남자

아무리 어렵고 힘든 역경도
성공을 위한 것이라면 성공을
행복을 위한 것이라면 행복을
행운을 위한 것이라면 행운을
가져다준다.

08

성공은 명쾌한
내비게이션에서 출발한다

자기 계발을 하는 사람들이라면 '긍정 확언', '목표 100번 쓰기'에 대해 많이 들어봤을 것이다. 이것이 성공의 초석이 되어 줄 거라는 말과 함께. 그런데 무조건 그렇게 될 거라고 믿는 건 어리석다. 이 훈련들은 목표를 더 선명하게 해주는 도구에 지나지 않으므로. 반드시 그에 걸맞은 행동이 따라야 한다는 뜻이다.

그런데 목표 달성을 위해 실행에 옮기려면, 실천 사항이 구체적이어야 한다. 또 그 항목들이 상호 연계성과 상호 보완을 이루는 마치 긴밀한 사슬처럼 엮여 완벽한 시나리오를 만들어 낼 수 있다면 더할 나위 없이 좋다. 조금 더 쉬운 설명을 위해 일본 야구 스타이자 미국 프로야구 선수로 활동 중인 오타니 쇼헤이의 만다라트를 가져와 본다.

몸관리	영양제 먹기	FSQ 90kg	인스텝 개선	몸통 강화	축 흔들지 않기	각도를 만든다	위에서 부터 공을 던진다	손목 강화
유연성	몸 만들기	RSQ 130kg	릴리즈 포인트 안정	제구	불안정 없애기	힘 모으기	구위	하반신 주도
스테미너	가동력	식사 저녁7숟갈 아침3숟갈	하체 강화	몸을 열지 않기	멘탈을 컨트롤	볼을 앞에서 릴리즈	회전수 증가	가동력
뚜렷한 목표·목적	일희일비 하지않기	머리는 차갑게 심장은 뜨겁게	몸 만들기	제구	구위	축을 돌리기	하체 강화	체중 증가
핀치에 강하게	멘탈	분위기에 휩쓸리지 않기	멘탈	8구단 드래프트 1순위	스피드 160km/h	몸통 강화	스피드 160km/h	어깨주변 강화
마음의 파도를 안만들기	승리에 대한 집념	동료를 배려하는 마음	인간성	운	변화구	가동력	라이너 캐치볼	피칭 늘리기
감성	사랑받는 사람	계획성	인사하기	쓰레기 줍기	부실 청소	카운트볼 늘리기	포크볼 완성	슬라이더 구위
배려	인간성	감사	물건을 소중히 쓰자	운	심판을 대하는 태도	라이너 캐치볼	변화구	좌타자 결정구
예의	신뢰받는 사람	지속력	긍정적 사고	응원받는 사람	책읽기	직구와 같은 폼으로 던지기	스트라이크 볼을던 질때제구	거리를 상상하기

어떤가? 한눈에 봐도 일반적인 목표설정표와 다름을 느낄 것이다. 그리고 약간의 방식을 바꾸는 것만으로도 나의 가치를 담은 멋진 인생 내비게이션을 작성할 수 있음을 알 수 있다.

몇몇 항목을 살펴보자. 오타니 쇼헤이의 목표 중 '인간성'은 시기나 정해진 목표가 아닌 사람의 마음과 타인에 대한 시선 그리고 타인을 바라보는 시선을 목표로 설정함으로써 살아생전 목표를 끊임없이 이룰 수 있는 강력한 동기 부여를 선사한다. 또한 '스피드 160km/h'라는 목표는 각각의 신체 강화를 위한 세부적이고, 구체적인 목표를 제시함으로써 흔들리지 않고, 지속해 나갈 수 있는 원동력을 심어준다. 이로써 만다라트 하나가 그를 역사상 찾아보기 힘든 위대한 선수로 발돋움하는 데 큰 역할을 했다고 해도 과언이 아닐 만큼 오타니 쇼헤이만의 가치가 담긴 아주 명쾌한 인생 내비게이션임을 많은 사람이 인정한다.

나 역시도 세부 목표들을 설정하고, 실행했었던 적이 있었다. 허나 돌아오는 결과는 불만족과 주변과의 비교였을 뿐 나 자신을 더 나은 미래로 발전 시켜주는 역할을 하지는 못했다. 그 당시 내가 작성한 아래의 인생 목표를 보면 충분히 그 이유를 알아차리지 않을까 한다.

- 3M 월 실적 100만 원
- 6M 월 실적 300만 원
- 1Y 연봉 1억
- 30살 1억 모으기
- 32살 내 집 마련
- 33살 결혼하기
- 35살 아이 낳기
- 40살 자산 10억 모으기
- 50살 자산 100억 부자 되기
- 60살 자녀 시집·장가보내기

이는 한국인이 영국 지도가 탑재된 내비게이션을 켜놓고 운전하는 격이나 마찬가지였다. 이 목표들은 나에게 좌절감과 실망감만 주었고, 매번 치열하게 살았던 나 자신을 스스로 낮추고, 비방하게 했다. 그야말로 잘못된 내비게이션이었다.

혹여나 나와 같은 실수를 범할까 두려워서 재차 강조한다. 제발 목표는 나이와 수입 따위를 기준으로 정하지 마라. 그보다 더 가치 있는 본인이 추구하는 방향의 구체적인 목표로 나와 내 주위 사람들이 행복해질 수 있는 방향으로 완성시켜라.

총알이 위협적인 이유는

모든 힘이 한곳에 집중되어 있어서다.

내가 위협적인 사람이 되려면,

나의 모든 힘을 한곳에 집중하면 된다.

09

상대방의 성실함부터
살펴라

투자의 신 워런 버핏은 사람을 사귈 때, 아래의 3가지를 확인하라고 한다.

첫째, 성실함

둘째, 지적 능력

셋째, 열정

왜냐하면 성실한 사람은 지적인 능력을 재능으로 발휘하고, 열정이 있는 사람은 끈기 있게 임하여 서로 도움을 주고받겠지만, 성실함이 없는 사람은 지적 능력이 자만이 되고, 열정이 없는 사람은 욕심에 의해 부정적인 영향을 끼치기 때문이다.

한편, 나는 회사에 다닐 때 '성실지점'이라고 이름 붙여 운영한 적이 있다. 세련된 네이밍도 좋지만, 내가 추구하는 가치를 온전히 녹여내고 싶어서 오랜 고민 끝에 결정한 것이었다. 이름 덕분이었는지는 몰라도 13명의 구성원으로 1억 2,000만 원가량의 매출을 달성하면서 회사 설립 이래 전대미문의 기록을 세웠다. 더불어 직원 1만 명 중 단 50명만 선정되는 1년에 단 한번 있는 연도 대상 시상식에 우리 지점 사원이 최다 인원으로 선발됨에 따라 '수상 단골 맛집'이라고 불리기도 했다.

이러한 경험이 있는 이후로 나는 겉멋이 들거나 화려한 언변으로 자기 자신을 포장하는 사람은 조심스럽게 지켜본다. 언제나 일을 잘하는 사람은 매사에 성실한 사람으로, 이들은 직장 동료나 고객 사이에서 문제를 일으키지 않았다. 게다가 상대방과의 약속도 잘 지키고, 책임감도 있다. 성실한 사람은 스스로 잘 돌보면서 생활해 왔기에 타인에게 피해를 주는 일이 거의 없어서다. 반면, 스스로 똑똑하고, 열정이 있다고 자신만만해하는 사람은 크고 작은 문제에서 부딪혔다.

그러니 좋은 사람을 만나고 싶다거나 함께 성장하고 싶다면, 성실함을 먼저 체크해 보길 권한다. 혹 본인은 성실한데 아직 이렇다 할 주목을 받지 못해 상실감에 빠져 있다면, 이 말을 꼭 전해주고 싶다.

"당신이 아직 빛나지 않는 건 주변이 더 밝게 빛나고 있어서입니다. 하지만 꼭 당신의 때가 옵니다. 꽃이 저마다 피는 시기가 다르듯이요. 그때 당신의 빛으로 환하게 비춰주세요. 성실함은 아주 강력한 무기입니다."

살면서 누구를 만나느냐에 따라
꽃길이 될 수도 있고,
고생길이 될 수도 있다.
꽃길이 될지, 고생길이 될지
객관적으로 판단하고,
맺고 끊는 훈련을 해라.

10

나만의 선을 지우고
상대를 봐라

주변을 둘러보면 아주 작은 자신의 개인적인 이익에 지나치게 집착함에 따라 타인을 불편하게 만드는 사람이 종종 있다. 아니, 대부분의 집단에 존재한다고 본다. 여기서 애덤 그랜트의《GIVE and TAKE》에서 다룬 '테이커(taker)', '매처(matcher)', '기버(giver)'에 대해 잠시 언급하자면, 인간은 집단의 환경에 따라 테이커 또는 매처와 기버가 될 수 있다. 그렇다면 저자는 어떤 기준에 따라 인간 군상을 나눈 것일까? 아마 대체로 1차원적인 관점에서 물건을 주고받는 개념에서 생각할 테다.

하지만 나는 조금 다르게 본다. '벽 같은 사람', '낮은 담을 쌓은 사람', '벽이 없는 사람'이 그것이다. 인간인 이상 타인을 바라보는 관점은 제각각일 수밖에 없으니 이 점을 염두에 두고 읽어주었으면 한다.

첫 번째 유형의 내가 '월러'라고 부르는 벽 같은 사람은 "내가 벽에 이야기하고 말지."라는 소리가 절로 나오게 한다. 이들과의 대화는 유쾌한 법이 거의 없으며, 좋은 의도로 한 말도 부정적인 언어로 돌아오기 일쑤라 정신적인 스트레스를 동반하기도 한다. 이런 사람들은 어떻게 상대하면 좋을까? 길을 가다가 벽을 만났다고 해보자. 그럼 멀더라도 백발백중 벽이 없는 쪽으로 돌아갈 것이다. 그 누구도 갑자기 나타난 벽을 부수고 지나가지 않을 테니까 말이다. 사람도 마찬가지다. 벽 같은 사람은 바꾸려고 애쓰기보다 우회하는 게 정신 건강에 이롭다.

두 번째 유형의 낮은 담을 쌓은 사람은 상대에게 호전적이지는 않되 주고받는 데 있어서 세세한 부분까지 계산하는 부류다. 대개 본인에게 유리할 때는 낮은 담을 넘어서 상대를 배려하는 듯한 자세를 취하다가, 조금이라도 불리하다 싶으면 담 아래에 숨거나 담을 더 높이 쌓아서 자신의 이익과 안전에 집중하는 경향을 보인다. 당연히 살아가는 데 있어서 자기방어는 필요하지만, 타인의 사정을 전혀 고려하지 않는 태도로 결국 자기밖에 모른다는 평가와 함께 씁쓸한 끝맺음을 맞이한다.

세 번째 유형의 벽이 아예 없는 사람은 누군가의 이익도 손해도 따지지 않는다. 또 인간 본성을 헐어버리고, 마음이 가는 대로 실천한다. 부끄럽지만 내가 이 경우에 속한다. 그래서 "대표님 왜 이렇게까지 해주세요?", "이렇게 하면 남는 게 있어요?"와 같은 말을 꽤 듣는다. 그럼에도 고쳐지지 않는다. 정해둔 기준에 따라 사람을 보면 담아내는 그릇에 한계가 있지만, 오로지 상대방에게 초점을 맞추면 진실한 내면과 외면의 정합으로 판단할 수 있게 되는 걸 체험

했고, 겉과 속이 다르다고 느끼는 건 나의 기준으로 바라보는 데서 발생하는 정반합 즉, 있는 그대로 바라보지 못하고, 나의 부정적 사고의 흐름에서 생겨난 결론임을 알고 있어서 굳이 바꾸고 싶지도 않다.

그래서 나는 항상 초원 같은 사람이 되려고 노력한다. 들판에 뛰노는 소들도, 소들을 몰고 다니는 개들도, 서식하는 동식물과 곤충들까지 포용하여 그 시작과 끝이 어디인지 경계를 알 수 없는 그런 초원 같은 사람 말이다. 조금 더 욕심을 내보자면, 당신도 상대를 위해서 당신이 그어둔 선을 조금만 지워보면 좋겠다. 분명 희미해진 선을 넘어오는 존재들이 있을 것이다. 거기에는 나에게 해가 되는 곤충도 있을 것이고, 기회를 노려 해를 입히는 늑대 같은 대상도 있을 것이다.

유사한 경험으로 나보다 나이 많은 지방 관리자가 나에게 돈을 빌린 적이 있다. 1,000만 원만 빌려주면 조직을 성장시켜서 꼭 갚겠다기에 동반 성장이라는 명목으로 아내에게 "그 사람이 잘되면 결국 나도 잘되는 거니까 이번만 이해해줘."라고 설득시키고, 간단한 차용증을 작성한 뒤 빌려줬다. 그런데 1개월도 되지 않아 실적도 없고, 직원도 뽑지 못해서 수입이 없으니, 이직해서 돈을 갚겠다는 말과 함께 해촉을 요구하고는 잠수를 타버렸다.

이렇듯 돈도 사람도 잃는 황당한 일이 있었는데도 관계에 있어서 선을 지우라고 당부하는 이유가 있다. 사람의 다양성을 인정해야 비로소 당신의 시야도 넓어질 수 있어서다.

그릇이 진짜 큰 사람은
문제가 생기면
절대 남탓으로 돌리지 않고,
자신을 돌아보며,
마음을 갈고 닦는다.

2조를 벌 남자

나는 하룻밤에 나 자신을 위해서 새로운 환경으로 옮기는 선택을 했다. 그것도 300억을 포기하면서. 그때의 내 감정 상태를 묻는 사람이 많다. 그러면 나는 이렇게 대답한다. "13년이라는 시간을 정리하는 순간이라 슬펐고, 어떤 말로도 표현할 수 없을 만큼 지금껏 살아온 중에 가장 두려웠어요."라고. 또 이렇게 덧붙인다. "그래도 너무 설레었어요. 오랜 시간 반복된 일상과 업무 환경, 매일 만나는 사람들 사이에서 떠나 내 손으로 하나하나 만들어 갈 생각에 마치 애니메이션 〈원피스〉의 주인공 루피가 된 거 같았거든요." 솔직히 이 마음이 더 컸다.

이처럼 설렘이 더 많이 차지한 내 마음과는 달리 결혼 후 아내와 가장 많이 싸우는 시기가 닥쳤다. 그도 그럴 것이 매달 억 단위로 들어오던 급여 통장에 '0원'이 찍혔으니 아내 입장에서는 꽤 당황스럽기도 했을 테다. 나는 어릴 적부터 가난하게 살아서 아무 상관이 없었지만, 아내는 저축되어 있는 돈을 꺼내 쓰면서 겁이 많이 나지 않았을까 한다. 그러니 매일 "앞으로 어떻게 해?", "다시 돌아간다고 하면 안 돼?", "아이들은 어떻게 키워?" 등의 걱정을 늘어놓았고, 자연스레 나의 언성은 높아졌다. 더욱이 금전적인 문제로 절대 고생시키지 않겠노라고 호언장담했던 약속도 깨져버렸으니 미안해서 목소리가 커진 게 아닐까 싶다.

나는 언제나 돌파구가 필요하면, 주위에서 돌을 던지든 물을 퍼붓든 불을 지피든 관여하지 않고 앞만 보고 돌진했다. 그러나 가족은 달랐다. 설득을 해야 했다. 그랬기에 나는 아내에게 나의 뜻을 전했다. "여보, 지난 과거도 현재의 영광도 미래의 기쁨 앞에서는 잊힐 기억일 뿐이야. 거기에 천년만년 사로잡혀 있고 싶지 않아. 내가 죽기 전까지 2조 벌어다 줄 거니까 이제 돈 문제로는 싸우지 말자."라고 말이다.

바라건대 이 책을 계기로 내 목표에 관해서 묻지 않았으면 한다. 그리고 2조를 벌겠다는 내 꿈을 보고 "헛소리도 정도껏 해야지."와 같은 말을 한다면 마음껏 해도 좋다. 내가 어떤 말을 하든지 외계어로 들릴 테니 굳이 이해시키고 싶지도 않다.

반면, 적어도 목표를 달성해 본인의 의지대로 살아가는 나의 두 스승은 내 이야기를 들을 때마다 이렇게 말한다. 사장들의 사장이라고 불리는 김승호 회장은 "그럼, 한번 해봐! 내가 운영하는 사장학개론에 너랑 비슷한 또라이 많아.", 스포츠 트레이너인 아놀드 홍은 "야! 넌 진짜야, 진짜! 뭐든지 해내는 놈이니까 건강만 잘 챙겨." 절대 제동 거는 법이 없다.

　나뿐만 아니라 누구든지 자신의 꿈을 밝혔을 때 비웃는 사람이 있는가 하면, 응원하는 사람이 있다. 이때 두 부류 모두에게 감사해라. 전자는 당신이 가고자 하는 길이 가능성 있음을 알려주는 것과 다름없다. '사촌이 땅을 사면 배가 아프다.'는 속담이 있듯 대부분이 누군가의 성공을 시기 질투하니 부정적인 말로 하지 못 하게 하려는 것으로 받아들이면 된다. 후자는 목표를 달성하는 과정에 큰 의지가 되어줄 것이므로 성공해서 보답하겠다는 말일랑 접어두고, 마음을 표현해라. 물질로. 시간을 쪼개서라도 만나러 가라. 이것이 이 책의 마지막 메시지다. "성공하려면 감사를 후불로 치르지 말 것!" 나는 줄곧 그래왔기에 반드시 2조를 벌리라 확신한다.

하룻밤, 300억을 포기한 남자

ⓒ 최민형, 2024

초판 1쇄 인쇄 2024년 1월 31일
초판 1쇄 발행 2024년 2월 8일

지은이 최민형
편집인 권민창
책임편집 윤수빈
디자인 김지혜
책임마케팅 윤호현, 김민지, 정호윤
마케팅 유인철
제작 제이오
출판총괄 이기웅
경영지원 박상박, 박혜정, 최성민

펴낸곳 ㈜바이포엠 스튜디오
펴낸이 유귀선
출판등록 제2020-000145호(2020년 6월 10일)
주소 서울시 강남구 테헤란로 332, 에이치제이타워 20층
이메일 mindset@by4m.co.kr

ISBN 979-11-93358-63-4 (03190)

마인드셋은 (주)바이포엠 스튜디오의 출판브랜드입니다.